KB266015

목소리 혁명

목소리 혁명

초판 1쇄 인쇄일 2026년 4월 20일
초판 1쇄 발행일 2026년 5월   8일

지은이 이철수
펴낸이 양옥매
디자인 표지혜 송다희
캘리그래피 okjoo Lee
마케팅 송용호
교   정 정혜성

펴낸곳 도서출판 책과나무
출판등록 제2012-000376
주소 서울특별시 마포구 방울내로 79 이노빌딩 302호
대표전화 02.372.1537   **팩스** 02.372.1538
이메일 booknamu2007@naver.com
홈페이지 www.booknamu.com
ISBN 979-11-6752-795-0 (03670)

혹소리 혁명

이철수 지음

아무도 말하지 않은 목소리의 세계

책과나무

소리의 전환, 음악사의 새로운 시작

세계 음악사는 끊임없는 충돌 속에서 발전해 왔다. 바로크 음악에서 나온 기괴한 소리 '삐뚤어진 진주'는 그 역사를 증명한다. 수 세기를 거쳐 삐뚤어진 진주는 고전파 음악을 만들었고, 낭만파 음악의 깊은 감동으로 이어졌다.

그 당시에는 변화의 미래를 몰랐다. 하지만 수 세기의 흐름은 언제나 새로움을 만들어 냈다. 당시에는 그 변화를 이해하지 못했지만, 시간은 언제나 새로운 질서를 만들어 왔다.

이제 또 하나의 전환이 시작된다. 소리는 마찰이 아니고, 진동으로 꽃이 핀다. 호흡은 모든 소리의 근원이다. 깊은 호흡 속에 그 에너지가 들어 있다.

목소리는 인간의 존재를 알리는 울림이다. 말은 가장 오래된 노래이며 감정과 영혼의 언어이다. 몸과 정신은 하나로 통한다. 이것은 동양 발성법과 서양 발성법이 통합된 원리이다.

진동은 치유의 원천이다. 아름다운 진동의 소리는 몸과 마음을 치유하고 평화스러운 사회로 이끈다. 서로의 울림으로 조화를 이룬다.

멀티싱어는 장르를 넘어선다. 인간의 보편적인 감동을 향한다. 목소리는 문화의 시작이다. 모든 음악과 예술의 출발점은 인간의 목소리이다.

노래는 인간을 하나로 연결한다. 목소리의 진동은 사람과 사람 문화와 문화를 그리고 인간과 세계를 이어 준다. 우리는 마찰의 소리가 아니라 생명의 진동으로 노래한다. 노래보다 복식호흡의 말이 먼저이다.

사람의 목소리는 어떤 호흡을 사용하는가에 따라 분명하게 두 가지로 나누어진다. 보통은 무감각하게 하나의 목소리로 바뀔 수 없다고 생각하며 주어진 목소리로 대화한다. 또한 노래하는 데 다른 목소리를 쓰기도 한다. 이것은 그 원리를 알면 누구나 쉽게 바꿀 수 있으며 목소리의 자유함을 얻을 것이다.

사람은 익숙해진 생각을 지키려는 성향이 있다. 하지만 그 필요성이 모든 사람의 건강을 위하여 공동체를 아름답게 만들기 위함이라면 배워볼 만한 일이 아닌가 생각한다. 또한 개인의 경험적인 체험 사실에서 보면 매우 자연스러운 일이 될 것이며 개인에게도 새로운 문화의 경험으로 받아들일 수 있을 것이다. 나아가 세계와 공유 할 수 있는 또 하나의 문화로 대한민국의 자랑이 될 것이다.

이것은 음악사적 패러다임의 전환으로 볼 수 있다.

이제, 그 이야기를 시작하려 한다.

목소리는 어디에서 시작되는가

사람은 말을 하며 살아간다. 말은 문명의 시작이었고, 공동체를 이루는 힘이었다. 우리는 말을 통해 협력하고 문화와 교육, 예술을 이어 왔다. 그러나 정작 자신의 목소리에 대해서는 깊이 생각하지 않는다. 너무 익숙하기에 오히려 무관심하게 지나쳐 왔다.

우리는 평생 자신의 말을 들으며 살아가지만, 정작 그 목소리를 객관적으로 듣기는 어렵다. 그래서 자신의 목소리를 정확히 알지 못한 채 살아간다. 현대 교육에서도 목소리에 대한 훈련은 거의 이루어지지 않는다.

말과 목소리는 그 본질이 다르다. 말은 머리에서 나오고, 목소리는 온몸에서 나온다. 말이 생각과 언어 체계의 산물이라면, 목소리는 호흡과 성대의 진동, 그리고 몸의 공명과 감정에서 비롯된다. 말이 정보를 전달한다면, 목소리는 감정과 에너지를 전달하여 사람의 마음을 움직인다. 말은 소리의 기술이지만, 목소리는 생명이다. 목소리는 인간의 시간과 영혼이 만들어 낸 울림이다.

나는 오랫동안 한 가지 질문을 품고 있었다. 왜 우리의 소리는 점점 더 힘이 들어가는가. 왜 노래는 있지만 중심을 찾기 어려운가.

그 답은 호흡에 있었다. 그리고 그 중심은 배꼽 아래, 우리가 오래전부터 '단전'이라 불러온 자리였다. 호흡은 태어나는 순간 시작된다. 우리는 첫울음으로 삶을 시작한다. 그러나 자라면서 호흡은 얕아지고, 목은 긴장하며, 소리는 점점 마찰로 변해 간다.

모든 사람이 아름답고 건강한 목소리로 말할 수 없을까, 그리고 그 말소리로 아름다운 노래를 할 수는 없을까. 나는 그 질문에 대한 답을 찾기 위해 수많은 시행착오를 겪었고, 오랜 시간 끝에 하나의 깨달음에 이르렀다. 목소리는 마찰이 아니라 진동이라는 사실이다.

마찰은 충돌에서 태어나고, 소모와 긴장을 만든다. 마찰이 강해질수록 소리는 거칠어지고, 사람과 사람 사이의 관계 또한 소란스러워진다. 반면 진동은 울림을 만들고, 공명을 통해 서로를 연결한다. 진동은 몸 전체를 울리며, 사람의 마음까지 움직인다.

우리는 오랫동안 마찰의 방식으로 소리를 사용해 왔다. 그러나 이제는 진동의 방식으로 목소리를 이해해야 할 때이다. 이 책은 그 전환에 대한 기록이다.

한국의 정신문화는 몸과 마음을 하나로 보는 수행의 방법으로 삼국시대부터 단전호흡에 그 뿌리를 두고 있다. 세상의 모든 것은 호흡으로부터 시작된다. K-VOICE와 함께 이어지는 K-VOCAL 그리고 멀티싱어는 바로 그 단전호흡의 생명에서 만들어지며 성악의 복식호흡으로 이어진다.

우리의 단전호흡은 더욱 깊은 정신세계를 이끄는 기초가 되며, 여기에서 K-VOICE로 말하기를 배운다. 자유로운 호흡의 아름다운 말소리는 K-VOCAL 소리를 이끈다. 저절로 노래가 되는 방법, 목소리처럼 자유로운 노래를 부르는 방법을 통해 모든 음역에서 노래할 수 있는 멀티싱어로 탄생된다.

K-VOICE와 K-VOCAL, 그리고 멀티싱어는 오랜 시간의 체험과 연구를 통해 만들어진 결과이며, 호흡과 울림을 바탕으로 한 새로운 목소리의 가능성을 제시한다. 이것은 단순한 발성법이 아니라, 인간의 몸과 마음, 그리고 문화를 연결하는 하나의 흐름이다.

인류는 지금까지 목소리를 사용해 왔지만, 그것을 제대로 이해하지는 못했다. 이제는 목소리를 배우고, 듣고, 다르게 사용할 시간이다.

이 책은 잃어버린 말과 목소리의 본질을 다시 찾기 위한 여정이며, 아름다운 말과 깊은 목소리로 이어지는 노래를 만드는 새로운 길을 제시하는 지침서이다.

이제 목소리 문명 시대의 전환이 시작된다. 마찰의 문명에서 진동의 문명으로 그 변화는 말을 바꾸고 노래를 바꾸고 결국 인간을 바꿀 것이다.

그리고 언젠가 인류는 깨닫게 될 것이다. 우리는 지금까지 목소리를 사용만 해 왔을 뿐, 제대로 알지는 못했다는 사실을. 복식호흡의 깊은 울림은 시간과 영혼이 빚어낸 파동 바람처럼 자유롭고 별빛처럼 깊어 삶의 은밀한 진실을 속삭일 것이다.

목소리는 단순한 소리가 아니다. 그것은 존재의 흔적이며, 영혼의 빛이다. 우리 안에 숨겨진 이야기를 세상에 흘려보내는 울림이다.

이 책을 펼쳐 주신 당신께, 깊은 감사의 마음을 전한다. 당신의 목소리 속에는 위로가 깃들고, 용기가 자라며, 새로운 길을 열어 주는 힘이 있다. 이 책을 통해 여러분의 말에 귀를 기울이고, 목소리를 좀 더 사랑하는 그 울림이 삶을 바꾸는 힘이 되기를.

목소리는 곧 운명이다. 그 운명이 더 빛나고 따뜻해지기를 소망한다.

대한민국 목소리를 바꾸다

사람은 자기의 목소리와 닮은 삶을 살아간다. 어떤 목소리를 내느냐에 따라, 그 사람의 관계와 삶의 방향도 달라진다.

그러나 대부분의 사람은 자신의 목소리에 대해 큰 관심을 두지 않는다. 타고난 자기의 목소리는 바꿀 수 없다고 생각하며, 더 좋아질 수 있다는 가능성조차 쉽게 포기해 버린다.

아름다운 목소리는 타고나는 것이 아니라, 만들어지는 것이다. 조금의 노력과 올바른 방법만으로도 목소리는 충분히 변화할 수 있다. 그리고 그 변화는 삶의 태도와 관계까지 함께 바꾸어 놓는다.

자신의 목소리가 좋아졌다고 느끼는 순간, 사람을 만나는 일이 즐거워지고, 대화 속에서도 자연스러운 기쁨이 생겨난다. 목소리는 단순한 소리가 아니라, 사람과 사람을 이어 주는 울림이기 때문이다.

모든 악기에는 고유한 각각의 소리와 공명이 있다. 목소리 또한 마찬가지다. 공명이 살아나면 맑고 깊은 소리가 만들어지고, 공명이 없으면 탁하고 거친 소리가 된다.

우리는 흙 속에 진주를 묻어 두고 있다. 흙을 닦아 내는 작업이 필요하다. 목소리를 바꾸는 출발은 호흡에 있다. 횡격막을 조금 내리고 아랫배에 조금의 압력을 불어 주면 목소리는 좋아지기 시작한다.

그 호흡을 위로 불어 주면 공명이 일어난다. 자연스러운 호흡으로 시작된다. 부드러운 울림을 느끼면서 조금씩 비강을 울리고 얼굴 전체의 공간들을 울리면 화합되는 울림의 목소리가 된다.

보통 여기에 아랫배에 센 힘을 주면 목에도 힘이 들어간다. 성대에 힘이 들어가면 목소리는 커지지만, 울림은 사라진다. 중요한 것은 힘이 아니라 균형이다. 자연스럽고 안정된 호흡 속에서 만들어지는 소리가 가장 깊은 울림을 전한다.

부드러운 목소리는 상대방에게 편안함과 호감을 남긴다. 그 울림은 사람의 마음에 잔잔하게 남아 관계를 바꾸고, 더 나아가 삶의 분위기를 바꾼다.

결국 모든 변화는 한 사람의 목소리에서 시작된다. 고운 목소리의 파장은 가정을 바꾸고, 사회를 바꾸며, 그 울림은 더 넓은 세상으로 퍼져 나간다. 대한민국의 목소리가 바뀌면, 세상 또한 더 아름다운 울림으로 연결될 것이다.

차례

1장   K-VOICE, 깨어나는 목소리

2장   K-VOCAL, 울림으로 완성되는 노래

K-VOICE,
깨어나는 목소리

목소리혁명

"인류는 처음으로 자신의 목소리를 만나게 될 것이다."

Charles Lee

목소리는 그 사람의 삶이다

한국 사람은 오래전부터 말을 잘하는 사람이 아니라 말이 고운 사람을 신뢰해 왔다. 목소리가 크다고 힘이 있는 것도, 능력이 있는 것도 아니다. 오히려 낮고 단정한 목소리와 고른 숨소리의 말에서 안정과 믿음을 느낀다.

우리 조상은 말은 마음에서 나오고 소리는 호흡에서 나온다고 했다. 그래서 목소리는 단순한 내용을 전하는 것이 아니라, 그 사람의 지금까지의 삶과 어떤 호흡으로 살아왔는가를 그대로 담고 있다.

호흡이 얕으면 말이 급해지고, 마음이 거칠면 소리가 흔들린다. 반대로 호흡이 깊은 사람은 목소리를 높이지 않아도 말 한마디에 무게가 실린다.

한국 사회에서 오래 기억되는 것은 말이 많은 사람이 아니라, 한마디의 말이라도 아껴서 한 말이다. 그 차이는 지식이 아니라 호흡의 깊이에서 나온다.

아기는 태어날 때 모두 복식호흡으로 울고 웃으며 세상을 평안하게 살아간다. 그러다 세월의 흐름에 따라 걱정과 긴장이 쌓이면서 호흡은 가슴 위로 올라가는 흉식호흡으로 바뀐다. 그때부터 목소리는 설득이 아닌 변명이 되기에 급급하고, 내용의 전달이 아닌 소음이 되기 쉽다.

그래서 목소리를 가꾼다는 것은 발음을 고치는 것이 아니라, 삶의 속도를 천천히 하며 호흡을 어린 아기 시절로 돌려놓는 일이다. 목소리가 바뀌면 말하는 태도가 바뀌고, 말하는 태도가 바뀌면 그 사람의 운명도 달라진다.

조용하지만 단단한 소리, 힘주지 않았는데 신뢰가 생기는 목소리, 그것은 한국 사람이 오랫동안 좋아해 온 사람의 소리이다. 이제 무관심하게 흘러가던 목소리는 대한민국에서 다시 깨어난다. 세계의 평화를 향해, 아름다운 목소리 K-VOICE로 새롭게 나아간다.

목소리의 패러다임을 바꾸다

목소리로 바라보는 기본 틀과 생각의 방식을 바꾸어야 한다. 마찰 중심의 목소리로 힘으로 내는 기존 패러다임을, K-VOICE는 목소리를 진동과 공명의 원리로 전환한다. 보는 눈이 바뀌면 세계가 바뀐다.

이 변화는 인간과 문명의 인식 전환으로 확장된다. 목의 자유를 얻고 감정을 조절하며 전달력을 극대화할 때, 목소리는 만들어지는 것이 아니라 자연스럽게 발생한다. 소리를 이해하는 세계관이 바뀌는 것이다.

K-VOICE는 성대를 누르는 발성이 아니라 공기의 흐름 위에 진동이 자연 발생하는 구조로서, 복식호흡과 흉식의 이분법을 넘어 인간 본연의 호흡-공명-의식의 통합을 지향한다.

K-VOICE의 핵심 명제는 단순하다. 소리는 밀어내는 것이 아니라 울리는 것이다. 마찰은 긴장을 만들고, 진동은 치유를 만든다. 말이 노래보다 먼저이다. 호흡은 기술이 아니라 존재하는 방식이다.

아름다운 목소리는 타고난 목소리에 호흡과 리듬, 절제가 더해져 만들어진 결과이다. 듣는 사람의 마음과 정신을 편안하게 만드는 소리이다. 조금만 바꾸어도 아름다운 소리를 만들 수 있다.

그 공통된 특징은 분명하다. 크지 않아도 깨끗하게 들린다. 부드럽지만 흐리지 않는다. 감정은 절제되어 있으며, 오래 들어도 피곤하지 않고 평안하다. 이것이 말의 힘이 된다.

아름다운 말을 만드는 핵심은 호흡이다. 호흡의 깊이가 얕으면 말이 거칠고 딱딱해진다. 복식호흡을 통해 깊은 호흡을 만들면 소리는 자연스럽게 둥글어진다.

아름다운 말은 호흡을 잘 이용하여야 한다. 목소리를 힘으로 누르지 않고 억지로 울림을 만들지 않을 때 맑은 소리가 된다. 따라서 공명을 잘 이용해야 한다.

보통 가슴만 울리는 저음의 무거운 소리나 입에서만 울리는 가벼운 소리가 많다. 그러나 아름다운 말소리는 온몸 전체에 고르게 퍼진 울림을 가진다.

또한 말의 리듬은 빠른 속도에 있는 것이 아니라 멈춤의 절제에 있다. 문장과 문장 사이의 멈춤, 그 호흡이 말소리의 아름다운 리듬을 만들어 내고, 그 리듬은 음악이 된다.

아름답고 힘 있는 목소리는 사람들에게 신뢰를 준다. 긴장을 풀어 주며, 말의 메시지를 오래 남긴다.

많은 사람들이 아름다운 목소리는 낮고 부드러워야 한다고 생각하지만, 중요한 것은 감정이 없는 목소리가 아니라 감정이 절제된 소리이다. 한 문장씩 천천히 말하며 마음을 편안하게 만들어야 한다. 아름다운 목소리는 잘 들리는 소리가 아니라, 상대방의 마음에 머무는 소리이다.

사람은 말의 내용보다 먼저 그 소리가 안전한지, 믿을 수 있는지를 판단한다. 호흡이 짧아 거칠어진 소리는 상대를 경계하게 만들고, 거리를 두게 한다. 반대로 아름다운 말소리는 상대에게 신뢰와 안정감을 준다.

편안한 목소리는 상대에게 존중받고 있다는 느낌을 주며, 관계를 부드럽게 만든다. 이 감정이 쌓이면 신뢰와 호감으로 이어진다. 좋은 목소리를 가진 사람에게는 먼저 말을 걸고 싶어지며, 좋은 기회와 좋은 사람이 자연스럽게 모인다.

아름다운 목소리는 예측 가능한 안정된 소리이다. 급격한 높낮이 변화 없이 일정한 호흡과 리듬을 유지할 때, 우리의 뇌는 그 소리를 신뢰하게 된다.

목소리는 내면 상태를 그대로 드러낸다. 급한 호흡은 불안과 조급함을, 안정된 호흡은 여유와 신뢰를 전한다.

좋은 소리는 반복되는 신뢰에서 만들어진다. 아름다운 목소리는 관계를 오랫동안 유지하는 힘이 있으며, 오해를 없애 주고 불필요한 갈등을 줄인다.

큰소리와 논리적인 말들은 순간적으로 힘이 있으나 그 생명은 오래가지 않는다. 서로에게 오래 남는 말은 편안하고 따스한 말소리이다. 아름다운 말소리는 사람의 마음을 열어 주고, 열린 마음으로 소통하며, 신뢰가 생기고 행운이 따른다.

결국 목소리는 삶을 바꾸는 힘이다. 목소리 하나로 사람의 그릇을 알 수 있으며, 감정이 격해질수록 목소리가 거칠어지면 관계 또한 흔들린다.

인생의 흐름을 바꾸는 순간에 부드러운 목소리와 따스함을 잃지 말자. 아름다운 목소리는 위험하지 않다는 신호이며, 안정과 신뢰를 전한다. 행운은 호흡이 안정된 사람에게 머문다.

서두르지 말고, 천천히, 신뢰가 담긴 말을 선택하라. 침묵 속에서 결정하고, 흔들리지 않는 호흡으로 말하라. 그 목소리는 한국적인 성악과 국악의 절제된 호흡과 쉼이 있는 목소리로, 오래 감동이 남는 우리의 소리이다.

K-VOICE의 탄생 배경

대한민국은 빠른 성장과 높아진 문화 속에서 밀어붙이는 흉식호흡이 일상이 되었다. 말은 강해졌지만 울림은 작아졌다. 이러한 문제의식에서 K-VOICE는 출발한다.

무엇보다 발성의 초점은 말이 먼저라는 것이다. 목소리를 복식호흡으로 바꾸면 노래는 힘들이지 않아도 자연스럽게 만들어진다.

반대로 흉식호흡으로 노래부터 시작하면 잘못된 습관이 자리 잡기 쉽고, 올바른 발성을 익히는 데 많은 시간과 노력이 필요하다. 하지만 노래 전에 목소리를 바꾸면 발성의 원리를 훨씬 쉽게 터득할 수 있다.

K-VOICE의 목적은 태어날 때부터 가지고 있던 복식호흡에 의한 말소리를 회복하는 데 있다. 개인의 목 건강을 회복하고, 아름다운 말의 문화를 형성하며, 그 기초 위에 노래를 세우는 한국형 소리의 미학을 세계화하는 데 그 의미가 있다.

대한민국은 왜 말하는 데 지쳐 가는가?

21세기 고도의 성장을 거치며 우리나라는 사람들의 목소리는 점점 얇아지고, 빨라지고, 거칠어지고 있다. 긴장된 흉식호흡, 감정을 그대로 드러내는 말투, 마이크에 의존하는 발성, 신뢰보다는 기계적인 전달만 남은 음성문화가 자리 잡았다.

이러한 흐름 속에서 K-VOICE는 잃어버린 휴머니즘에 기초한, 인간다운 목소리를 회복하는 데서 출발한다.

지금까지 목소리에 대해 체계적으로 가르쳐 주는 곳은 없었다. K-VOICE는 이러한 무관심과 부재 속에서, 한국의 정서에 맞는 발성 체계를 바탕으로 세계를 향한 목소리의 방향을 제시한다.

동양과 서양의 발성 구조는 서로 다른 특징을 가진다. 동양은 단전호흡과 기의 흐름, 음양의 균형에 중점을 두고 있으며, 서양은 성대의 공명이론과 음향학, 성대의 구조에 기반을 둔다.

K-VOICE의 핵심은 말하는 목소리를 음악적으로 만드는 데 있다. 노래하기 이전의 말에서 이미 공명이 만들어지고, 그 울림이 자연스럽게 노래로 이어진다.

또한 K-VOICE는 단순한 발성법을 넘어선다. 호흡을 통해 건강을 회복하고, 서로의 신뢰를 형성하며, 나이가 들어도 변하지 않는 울림 있는 목소리를 만드는 데 그 목적이 있다.

K-VOICE는 현대사회 속에서 호흡이 살아 있는 건강하고 아름다움을 만드는 목소리에 주목한다. 한국인과 세계인의 언어,

호흡, 정서, 그리고 삶의 리듬을 회복하기 위한 사람 중심의 목소리 철학이 담겨 있다.

K-VOICE는 크게 말하기 위한 기술이 아니다. 더 건강하고, 더 오래가며, 더 깊이 남는 예술적인 말을 만들어 가는 길이다.

복식호흡의 원리

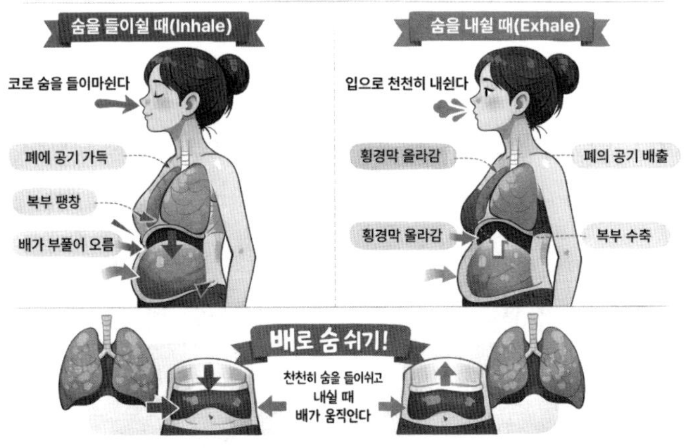

복식호흡은 단순히 배를 부풀려 많은 공기를 사용하는 것이 아니다. 횡격막의 하강으로 압력을 조절하여 마음대로 소리를 내는 것이 핵심이다.

사람이 호흡할 때 공기를 들이키는 곳은 가슴이 아니라 횡격막이다. 횡격막은 폐의 아래에 있는 둥근 돔 모양의 근육으로 된 원통 구조이다. 횡격막이 내려가면 폐활량이 아래와 옆으로 커지면서 가득 차게 되고, 공기가 자연스럽게 채워진다.

복식호흡은 호흡이 안정되며 깊은 소리가 오래 유지된다. 배와 옆구리, 허리가 동시에 최대한 짧게 호흡을 들이키며 천천히 배를 안으로 당기면서 호흡을 위로 올려 보낸다.

이때 큰 소리를 내기 위하여 배에 과도한 힘을 주는 경우가 많다. 그러나 배에 힘이 들어가면 성대와 가슴, 온몸의 근육에 힘이 들어가 성대가 마찰되어 악을 쓰는 소리가 되며 최악의 목소리가 된다. 반대로 복식호흡을 하면, 목을 보호하면서도 울림이 있는 진동의 맑은 소리가 된다.

복식호흡은 호흡이 성대를 편안하게 지나가게 하며 횡격막의 압력으로 조절하는 방법이다. 호흡의 들이킴보다 밖으로 내는 호흡을 조절하는 것이 중요하며, 호흡이 성대를 받쳐 주는 역할을 하게 한다. 이때 공기의 압력 차이가 자연스러운 소리의 흐름을 만든다.

사람은 태어나면 두 발과 두 손으로 기어 다니며 자연스럽게 복식호흡을 한다. 울고 웃는 모든 소리가 횡격막을 중심으로 이루어진다.

그러나 돌이 지나고 두 발로 걷기 시작하면서 호흡이 차츰 올라와 6~7세가 되면 흉식호흡으로 바뀌며 가슴으로 호흡하게 된다. 이렇게 형성된 오래된 호흡 습관이 문제를 만든다.

흉식호흡에 익숙해지면 횡격막은 내려가지 않고 호흡이 짧아지며 배에 불필요한 힘이 들어간다. 그 결과 호흡을 들이킬 때 배에 힘이 들어가고 움직임이 거의 없으며 폐활량은 3분의 1로 줄어들어 호흡이 답답해진다. 목소리도 울림이 거의 없고 답답해진다. 또한 호흡을 자연스럽게 흐르게 두지 않고 지나치게 통제하려는 경향이 생긴다.

흉식호흡은 가슴을 들어 올리며 폐를 가득 채우려 한다. 이 때문에 어깨가 올라가며 긴장되고 호흡이 경직되는 좋지 않은 습관으로 굳어진다. 말을 할수록 목에 힘이 들어가며 호흡은 급해지고 짧아진다.

좋은 발성은 가슴 위쪽의 폐를 채우려는 것이 아니라, 횡격막을 아래로 자연스럽게 내리는 데서 시작된다. 이것이 가장 편안하고, 가장 건강한 호흡이며, 올바른 발성의 출발점이다.

K-VOICE의 개념

인류는 진동을 마찰로 여겨 왔다. K-VOICE는 기존의 흉식호흡 중심의 목소리와 달리, 타고난 목소리에 복식호흡과 공명, 리듬, 절제된 울림을 더해 완성되는 철학적인 아름다운 목소리이다. 듣는 사람의 마음과 정신을 편안하게 만드는 목소리이다.

이것은 복식호흡을 바탕으로 안정된 호흡 위에서 우리 고유의 말소리와 리듬, 절제를 살리는 발성이다. 정신적인 신뢰와 운, 사람과의 관계를 중요하게 여기며, 감정을 절제한 품격 있는 목소리를 지향하는 동시에 그것을 실천하는 시스템이다.

지금까지의 성량 중심 발성에서 벗어나, 우리의 정서에 맞는 깊이와 쉼을 중요시한다. 내면의 신뢰가 목소리에 담기며 안정된 삶의 흐름을 만들어 낸다.

K-VOICE는 특정한 사람만을 위한 것이 아니다. 사회 지도자, 성직자, 교사, 정치인을 비롯하여 일반 모든 시민이 아름다운 목소리를 가질 수 있도록 하는 데 목적이 있다. 마이크의 유무와 관계없이 나이가 들어도 젊음이 유지되는 살아 있는 목소리를 지향한다.

이 목소리는 단순히 잘 들리는 소리가 아니라, 울림과 부드러움을 바탕으로 내면의 아름다움을 전달하며 서로를 신뢰하게 하는 소리이다.

복식호흡은 안정된 하부압력으로 공기는 아래에서 위로 흐르고 성대는 진동한다. 베르누이 효과가 복식호흡의 원리이다. 성대 사이를 공기가 통과하면 압력의 차이로 성대가 빠르게 진동하면서 배음의 효과로 풍부한 소리가 부드럽게 난다.

요약하면, 횡격막이 내려오면 압력이 만들어지며 일정한 기류가 흘러가게 된다. 성대는 그 기류 위에 규칙적으로 진동하며 공명은 얼굴 전체를 울린다.

복식호흡은 빠른 진동을 받쳐 주는 토대이며, 마찰을 없애고 울림을 만들어 준다. 이것은 깊은 소리에서 시작되며, 감정과 함께 진정성이 살아 있는 절제된 악기 소리와 같다.

K-VOICE는 동양의학의 관점에서도 그 근거를 찾을 수 있다. 허준의 동의보감에서는 폐가 호흡의 흐름을 주관하고, 소리를 지속하는 에너지가 폐에서 나온다고 하였다. 즉, 목소리는 성대의 기술이 아니라 폐 호흡의 운용 결과라는 것이다.

공기 흐름의 에너지가 많은 소리는 크지는 않아도 멀리 가는 힘이 살아 있다. 이 호흡은 촛불을 흔들지 않고 진동이 살아 있는 상태이며, 이러한 복식호흡의 중심 발성은 동양의학의 정통

이론에 근거를 두고 있다. 성대를 마찰시키지 않고 진동시키는 원리이다.

또한 K-VOICE는 낮고 안정된 공명과 성대 진동의 균형을 통해, 듣는 사람에게 신뢰를 주는 소리를 형성한다. 무엇을 말하는가의 내용보다 어떻게 말하는가에 그 핵심이 있다.

K-VOICE의 '절제의 미학'은 한국 전통 발성의 특징에서 비롯된다. 동양의 호흡의 철학과 서양의 공명 과학, 그리고 한국 정서와 말의 습관이 통합된 하나의 목소리 체계이다.

이것은 단순한 발성법이 아니라, 삶을 변화시키는 목소리의 이론이다. 여유 있고 깊은 소리에서 시작되며, 진정성이 살아 있는 절제된 울림의 목소리를 지향한다.

K-VOICE의 과학적 의미

K-VOICE는 성대를 힘으로 닫는 구조가 아니라, 안정된 자율 진동이 일어나는 구조이다. 근육의 힘을 최소화하고, 물리법칙에 의해 자연스러운 진동이 일어나도록 하는 발성 방식이다.

음향학적으로 볼 때, 성대의 규칙적인 진동은 일정한 주파수와 배음 구조를 형성한다. 이로 인해 소리는 단순히 크기만 커지는 것이 아니라, 맑고 풍부하게 만들어진다.

반대로 힘으로 미는 흉식호흡은 불규칙적인 진동을 만들어 소음에 가까운 소리가 된다. 흉식호흡은 교감신경을 자극하여 목의 긴장으로 이어지고, 복식호흡은 부교감 신경을 활성화하여 자연스럽고 안정된 진동을 만들어 낸다.

이러한 상태에서는 심박이 안정되고 근육의 불필요한 긴장이 줄어들며, 음성이 불규칙하게 떨리는 현상도 막아 준다. 에너지의 효율성 측면에서도, 힘 중심의 흉식호흡은 성대의 마찰을 증가시켜 성대의 피로가 쌓이게 된다. 반면 복식호흡은 안정적인 흐름 속에서 소리를 지속하게 한다.

결국 복식호흡은 함께 대화하는 사람에게 신뢰와 호감을 전달하는 목소리를 만든다. 이는 적절한 주파수와 안정된 호흡, 그리고 리듬이 결합된 K- VOICE의 핵심 원리이다.

　사람이 가장 호감을 느끼는 목소리는 정감이 담겨 있고, 안정된 울림을 가진 소리이다. 이는 안정된 소리로 신뢰성을 가져오며, 더 좋은 만남과 관계로 이어지는 역할을 한다.

　남성의 일반적인 주파수는 110~140Hz이다. 가장 듣기 좋은 목소리의 특징은 중저음 중심으로 주파수가 120~130Hz이며, 음정도 3~5도로 변화가 적은 것이 좋다. 100Hz 이하와 150Hz 이상의 극단적인 목소리는 피하는 것이 바람직하다.

　이때 중요한 것은 언제나 호흡이 말보다 먼저 준비되는 것이다. 충분한 복식호흡이 뒷받침될 때, 목소리는 상대에게 믿음을 심어 주며 여유롭고 힘이 있어 보이는 인상을 준다.

　결국 K-VOICE는 기술이 아니라, 진동의 패러다임을 구현하는 최초의 시스템이며 문명 전환의 시작점이기도 하다.

여성과 남성의 복식호흡 차이

목소리는 인간 내부의 진동이 외부로 드러나는 첫 번째 통로이다. 복식호흡의 원리는 같지만, 남성과 여성은 신체 구조의 차이로 인해 발성의 방식에 차이가 나타난다.

여성은 가슴이 짧고 넓은 형태이며 상부의 흉식이 자연스럽다. 성대의 두께도 얇아 복식호흡의 안정성이 더욱 필요하다. 또한 가슴의 움직임이 동반되는 경향이 있다. 복부구조는 전면보다 측면, 옆구리 허리 뒤쪽 확장이 중요하다.

남성은 흉곽이 길고 깊은 형태이며 횡격막의 아래로의 확장이 크다. 남성은 앞배가 많이 나오는 경향이 있다.

성대 길이는 여성이 12~17mm이고, 남성은 약 17~25mm이다. 그리고 주파수는 여성 200~250Hz, 남성 100~150Hz 범위에 해당한다.

여성은 진동수가 높아 긴장이 생기기 쉬우므로, 섬세한 기류 조절이 핵심이다. 남성은 고음이나 중음에서 떨림이 많으며 갈라짐이 나타나는 경우가 많다. 또한 말을 할 때 감정의 변화가 목소리에 많이 실리는 경향이 있다.

공통적으로 복식호흡의 본질은 같다. 횡격막의 하강, 일정한 기류 유지, 그리고 성대의 자연스러운 진동이 필요 요소이다.

여성의 복식호흡은 포근하며 매력적인 부드러움이 있다. 여성 복식호흡의 음색은 매우 깊고 부드러우며 호흡도 여유가 있으며 길게 내기 쉽다. 따뜻한 성숙함이 있고 성대도 피로함이 적다. 흉성과 두성의 전체적인 공명을 쓰며 저음을 내기에 편하다.

반면, 여성의 흉식호흡은 가슴과 어깨가 위로 올라가면서 호흡하며, 목과 어깨 쪽에 집중되며 긴장이 높다. 여성의 흉식 소리는 얇고 가벼우며 날카로운 음색이며 과다한 긴장으로 짜는 듯한 소리가 섞인다.

또한 호흡량도 적어 숨이 차며 목에 힘이 들어가기 쉽다. 공명은 목의 윗부분에 편중되며, 두성의 연결이 약해 울림이 적은 편이다. 말하는 속도도 빨라진다. 고음은 날카롭고 얇아지며 특히 저음은 거의 없다. 많은 성대의 압력으로 쉽게 피로하며 불안정하고 긴장감이 있고 감정적으로 예민하다.

복식호흡을 사용할 경우, 여성은 음색이 따스하며 안정적이며 자연스러우며 울림이 풍부하다. 고음에서도 소리가 얇아지지 않고 듣는 사람에게 친근함과 신뢰감을 주며 소리의 떨림이나 흔들림이 적다.

복식호흡을 사용할 경우, 남성은 성대의 압력이 낮고 균형이 잡히며 호흡량이 많다. 울림도 흉성과 두성을 모두 쓰며, 안정

적인 연결로 인해 소리의 속도도 일정하고 안정적이다. 높은음
은 여유가 있으며, 부드러운 상승으로 저음은 울림이 깊은 가슴
까지 울린다.

　여성의 경우, 복식호흡과 흉식호흡의 차이가 아주 크고 특히
저음 부분이 어려운 편이다. 따라서 여성은 복식호흡을 많이
이용하는 것이 좋으며, 복식호흡과 흉식호흡을 함께 쓰는 것도
좋다.

노화와 목소리

나이가 들수록 목소리가 약해지는 것은 목이 늙어서가 아니라, 소리를 받쳐 주는 호흡이 부족해지기 때문이다. 복식호흡으로 아랫배를 받쳐 주면 튼튼하고 건강한 목소리를 오랫동안 유지할 수 있다.

특히 여성은 남성보다 목소리가 급격하게 낮아지거나 과도한 비브라토가 나타나는 경우가 있는데, 복식호흡의 근육 훈련이 필요하다.

목소리는 근육운동이다. 사용하지 않으면 약해지고, 훈련하면 회복된다. 실제로 80대의 성악가도 꾸준한 목소리를 복식호흡 훈련으로 건강을 유지하며 울림을 오랫동안 유지할 수 있다.

나이가 들면 얕은 흉식호흡이 습관화된다. 배와 옆구리의 근육이 약해지고, 말이 길어지면 호흡이 고갈된다. 이때 말을 작게 하고 호흡을 얕게 하면, 음정도 갑자기 낮아지고 성대의 근육의 탄력도 줄어든다. 이러한 현상을 막기 위해 성대에 힘을 주면 목에 힘이 들어가 성대가 갈라지며 쉰 소리가 나오게 된다.

성악가의 목소리는 나이로 늙는 것이 아니다. 단지 연습이 줄어들고 사용이 감소하면서 성대의 기능이 약해질 뿐이다. 말과 노래의 중심이 흔들리지 않는다면, 호흡과 공명의 구조는 늙어도 유지될 수 있다. 복식호흡을 바탕으로 한 울림 있는 발성은 나이가 들수록 더욱 안정된 소리를 만들어 낸다.

노년의 목소리는 소리를 적게 하고 맑게 하면 진동이 증폭된다. 힘으로 크게 하면 마찰이 일어나 진동도 없어진다. 소리도 탁해지며 공명의 공간도 줄어든다.

따라서 목에 힘을 빼고, 턱을 내리며, 혀와 목을 이완시키는 것이 중요하다. 작은 진동을 살리고 말하듯이 시작하여 부드러운 진동에 맡기는 것이 바람직하다.

노년의 발성은 깊고 안정된 소리에 있다. 아카펠라를 통해 질적으로 아름다운 진동을 추구하는 것이 좋다.

목소리는 사라지는 것이 아니라 변화하는 것이다. 태어날 때의 복식호흡을 회복하면, 더 깊은 진동으로 노래하여 오랫동안 아름다운 소리를 유지할 수 있다.

힘없는 목소리와 낮은 목소리

이 구분은 일반인에게 매우 혼동되기 쉽다. 낮은 목소리는 깊은 복식호흡의 결과이고, 힘없는 목소리는 얕은 흉식호흡의 흔적이다.

낮은 소리는 아랫배, 즉 횡격막 아래에서 나오며 호흡이 길고 안정되어 있고 성대가 편안히 닫혔다가 열린다. 반면 힘없는 목소리는 가슴과 목에서 나오며, 내쉬는 호흡이 짧고 끊김이 있다. 성대가 제대로 닫히지 않아 공기가 새는 소리가 난다.

복식호흡의 소리는 울림이 깊고 잘 들린다. 편안하며 신뢰가 있고 여운이 남는다. 하지만 흉식호흡의 소리는 울림이 없고 흐릿하게 들린다. 호흡이 소진된 소리이며 불안하고 신뢰가 떨어진다. 성대가 눌려 자연스러운 진동이 없고, 미주신경이 억제되며 공명이 차단된다. 소리의 끝이 떨린다.

호흡을 낮추면 저절로 힘이 있는 소리가 된다. 특히 여성의 음성은 나이가 들면서 비브라토가 생기고 음정이 떨어지기 쉬운데, 이는 복식호흡을 통해 건강하고 안정된 소리로 유지할 수 있다.

교회의 회중 찬송에서도 낮지만 힘없는 소리가 만들어지는 경우가 많다. 낮은데 힘이 없는 소리는 겸손이 아니라 호흡의 부족이다. 복식호흡으로 소리를 낼 때 비로소 건강하고 힘 있는 소리가 된다. 흉식호흡이 지속되면 미주신경이 억제되어 듣는 사람에게 신뢰와 집중을 주지 못한다.

흉식호흡은 호흡이 부족한 상태에서 공명을 만들기 어려워 성대에 힘을 주어 억지로 소리를 내게 한다. 이로 인해 목에 힘이 들어가고, 나이가 들수록 비브라토와 음정 저하가 나타난다.

이때 복식호흡으로 바꾸면 낮고 편안하면서도 좋은 소리로 회복된다.

마이크 시대의 K-VOICE 음성철학

마이크는 주파수를 있는 그대로 드러낸다. 작은 소리라도 주파수가 고르면 전달이 잘된다. 마이크는 호흡의 질을 있는 그대로 증폭시킨다. 복식호흡으로 만들어진 목소리는 마이크 앞에서 더욱 선명하게 드러난다.

마이크는 나쁜 목소리도 숨기지 않는다. 흉식호흡으로 만든 얕고 불안정한 소리는 마이크를 통과하며 더 확대되고, 성대의 긴장으로 인해 떨림과 쉿소리가 더욱 증폭된다. 이러한 소리는 육성보다 오히려 더 부자연스럽고 기계적인 음성으로 확대된다.

이에 반해, 복식호흡으로 만들어진 목소리는 기본 주파수가 안정되어 있고, 배음이 정렬되어 있으며, 고주파의 소리는 절제된다. 이로 인해 소리는 부드럽고 자연스럽게 증폭된다.

오늘날과 같은 마이크 시대에 청중은 크고 자극적인 소리보다 정돈되고 안정된 소리에 더 집중하며, 시끄러운 소리에는 쉽게 피로를 느낀다.

마이크를 사용할수록 복식호흡의 장점은 더욱 분명해진다. 작아도 멀리 가며, 낮은 소리에도 무게가 느껴진다. 그래서 디지

털 시대에 복식호흡은 최적의 음성이 된다. 감정을 절제하고 인간적인 부드러움을 유지하게 한다.

마이크 기술이 발전할수록 오히려 인간의 호흡은 더욱 중요해진다. 복식호흡이 없는 상태에서는 주파수가 과장되게 나타나며, 특히 고주파가 과다하게 증폭되어 말이 공격적으로 날카롭게 들린다.

이러한 소리는 장시간 청취 시 피로를 유발하며, 청중과의 거리감을 만든다. 흉식호흡 상태에서는 성대의 불안정성이 더욱 크게 드러나, 육성보다도 오히려 더 부자연스러운 음성이 된다.

또한 흉식호흡으로 마이크를 사용할 경우, 미세한 진동으로 흔들림까지 포착된다. 소리가 떨리고 갈라지는 현상이 일어나며 얇은 소리가 강조된다. 결과적으로 마이크는 흉식호흡의 단점을 더욱 부각시키는 역할을 한다.

반면 복식호흡이 안정되면 마이크를 통한 소리는 균형 잡힌 주파수로 전달된다. 고주파는 절제되고 저주파는 과장되지 않고 안정된다. 배음 역시 고르게 정렬된 상태로 증폭이 잘된다. 이때의 소리는 깊이와 따뜻함을 동시에 가진다.

K-VOICE에서의 마이크 사용은 육성 훈련을 기반으로 한다. 먼저 마이크 없이 자연스러운 호흡과 울림을 충분히 익힌 후,

그 상태를 유지한 채 마이크를 사용하는 것이 바람직하다.

마이크 앞에서 소리를 힘으로 밀지 말고, 더 작고 더 깊은 소리를 지향해야 한다. 복식호흡으로 만들어진 마이크 음성은 과장이 아닌 정돈된 전달이다. 그것은 기술이 아니라, 호흡이 만들어 낸 자연스러운 울림이다.

지도자의 목소리

사람은 옳고 그름을 떠나, 흔들리지 않은 목소리를 따르는 경향이 있다. 불확실한 상황일수록 사람들은 더욱 안정된 목소리를 따른다. 사람은 떨리는 소리, 급한 소리에서도 방향 제시와 안정함을 주기 때문이다.

그것은 믿음의 내용보다 호흡이 길고 흔들리지 않는 굳건함에 달려 있다. 지도자가 상황을 통제하고 있는 듯한 느낌을 주어 안정감을 안겨 주기 때문이다.

지도자의 목소리는 감정을 절제하고 들뜨거나 산만한 분위기를 가라앉히는 역할을 해야 한다. 사람들이 낮은 목소리를 선호하는 이유는 단순히 음의 높낮이 때문이 아니라, 그 안에 담긴 흔들리지 않는 호흡의 중심 때문이다.

지도자는 흥분하지 않아야 하며, 공포를 조장하거나 감정을 과장해서도 안 된다. 오히려 침착하고 절제된 목소리로 안정감을 전달해야 한다.

또한 지도자는 침묵을 다룰 줄 알아야 한다. 침묵은 때로 말보다 더 큰 신뢰를 만들어 낸다. 일관된 목소리와 태도는 반복되는 경험 속에서 신뢰를 형성하며, 언제나 같은 안정된 톤을 유지할 때 그 신뢰는 더욱 깊어진다.

결국 지도자의 목소리는 사람을 안심시키고, 자연스럽게 따르게 만드는 힘을 가진다.

교사를 위한 발성법

교사에게 목소리는 수업을 이끄는 가장 중요한 도구이다. 오랜 시간 수업을 이어 가기 위해서는 지속성과 명료한 음성 그리고 빠른 회복력이 필수적이다.

많은 교사들이 자주 겪는 목의 통증과 피로는 흉식호흡의 습관에서 비롯되는 경우가 많다. 가슴을 들어 올려 숨을 들이키는 방식은 성대를 마찰시켜 목에 상처를 입히고 열이 나고 붓게 된다.

이는 결국 목의 통증과 쉰 목소리를 유발한다. 이러한 상태에서는 수업 후 목이 따갑거나 타는 듯한 느낌이 들고, 소리가 쉽게 갈라지거나 큰 소리를 낼 때 목을 긁는 듯한 불편함이 나타난다.

잠시 휴식을 취해도 다음 날 같은 증상이 반복되는 경우가 많다. 이는 단순한 피로가 아니라, 흉식호흡으로 성대를 마찰시키는 발성 습관에서 비롯된 문제이다.

이를 개선하기 위해서는 흉식호흡을 복식호흡으로 전환하는 것이 중요하다. 아랫배와 옆구리까지 확장되는 호흡을 통해 성대의 부담을 줄이고, 보다 안정된 발성을 만들어야 한다.

배를 천천히 들이키고 내는 호흡을 자주 연습하면 된다. 특히 잠자기 5분 전 배에 손을 얹고 배를 들이키는 호흡을 아침과 잠자기 전에 10회씩만 해도 효과를 볼 수 있다.

수업 중 목에 부담이 느껴질 때에는 속도를 늦추고 낮은 톤으로 천천히 말하면서 중간중간 휴식을 취하는 것이 좋다. 약을 먹어도 또 재발하므로, 복식호흡으로 습관을 바꾸면 평생 목이 편안해진다.

복식호흡은 아랫배와 옆구리 등까지를 둘러싸고 있는 횡격막을 내리는 것이다. 가슴이 먼저 올라가면 흉식호흡이 되며 성대에 마찰이 일어난다.

성대는 마찰이 아니라 진동으로 소리를 만들어야 한다. 말을 천천히 하면 성대의 마찰이 줄어든다. 또한 느린 호흡은 미주신경을 활성화하여 성대의 긴장을 감소시킨다.

복식호흡을 습관화하면 목의 통증은 점차 줄어들고, 오랜 시간 사용해도 지치지 않는 건강하고 아름다운 목소리를 유지할 수 있다.

2장

K-VOCAL,
울림으로 완성되는 노래

목소리혁명

"목소리가 바뀌는 순간, 인간도 바뀐다."

Charles Lee

K-VOCAL의 정의

K-VOCAL은 기존의 흉식호흡에 의존한 발성이 아니다. 서양의 발성 위에 노래가 흐르는 한국적인 정서와 내면적인 철학을 담기 위한 한국형 발성 체계이다. 그 바탕에는 한국의 정신문화에서 비롯된 단전호흡이 있다.

단전호흡은 단순한 호흡 기술이 아니라, 마음의 수양을 위하여 인격을 완성시키는 수행의 방법이며, 안정된 말과 목소리를 형성하는 근본이다. 한국의 전통적인 소리는 모두 아랫배 중심의 호흡을 사용하며, 이것은 기술이 아니라 정신의 안정에서 나오는 깊은 성찰의 울림이다.

K-VOCAL은 마찰 중심의 소리가 아닌 진동과 공명을 중심으로 한다. 이를 통해 인간의 목소리를 가장 자연스럽고 아름답게 회복하는 발성 체계를 지향한다.

단전호흡은 현대인의 스트레스를 완화하고 자율신경을 안정시키며 집중력을 향상시키는 정신 수양을 이끄는 과학적 방법으로 다시 주목받고 있다.

단전호흡은 몸의 가장 깊은 곳에서 몸의 중심을 바로 세우며, 목소리의 마찰이 아닌 진동과 연결된다. 이는 K-VOCAL의 발성과 동일한 원리이며, 기의 축적과 순환을 통해 정신적 안정과 깊은 울림을 만들어 낸다.

한국의 단전호흡에 기초를 둔 K-VOCAL은 K-VOICE 이론의 확장 개념으로, 말에서 나온 노래를 뜻한다. 성악과 대중음악, 전통과 현대의 경계를 넘어, 다양한 음역과 음색을 자유롭게 넘나드는 새로운 발성 패러다임이다.

이것은 한 사람이 여러 음역을 한 무대에서 자유롭게 노래할 수 있는 가능성을 제시하며, 기존의 단일 음역 중심 발성에서 벗어난다. 수백 년간 지속되어 온 한 가지 목소리에 의존하는 음악에서, 폭이 넓고 다양한 노래를 부르며 대중이 쉽게 감상할 수 있는 21세기 성악의 한 분야이다.

이 발성은 목을 누르거나 힘으로 밀어내는 방식이 아니라, 복식호흡 위에서 자연스럽게 생성되는 진동과 공명을 기반으로 한다. K-VOICE, 즉 말이 노래로 이어지도록 한 것이다.

노래를 하는 사람들도 목소리를 마찰로 생각하는 경우가 많다. 올바른 목소리는 바로 고른 진동에 달려 있다. K-VOICE는 기존의 고음 중심, 성량 중심의 발성에서 벗어나, 아름다운 말에서 출발한 자연스러운 감정의 흐름을 담아내며, 마찰을 피하고 진동의 노래를 지향한다.

K-VOCAL은 사람이 태어날 때의 자연스러운 목소리를 노랫소리로 찾아가는 작업이다. 깊이 있고 내면적인 소리를 지향하며, 장시간 노래해도 목이 상하지 않고 나이가 들어도 지속성을 가지고 품위 있게 사용할 수 있는 발성을 목표로 한다.

이 체계는 단순한 기술이 아니라, 호흡과 진동, 공명, 그리고 인간의 정신이 함께 만들어 내는 통합적인 소리의 원리이다. 성대를 억지로 조이거나 누르는 것이 아니라, 횡격막 전체가 확장되는 입체적인 호흡이다.

K-VOCAL은 치유와 문화의 목소리를 지향한다. 이것은 성대 진동의 메커니즘과 성대 아랫부분의 압력으로 인한 공명의 이동, 배음이 확장되는 원리와 주파수의 조화와 균형, 성대의 마찰 감소로 인한 진동의 증폭과 공명의 확장에 중심에 있다. 이러한 원리를 통해 개인의 목소리를 넘어 사회와 문화로 확장되는 울림을 만들어 낸다.

K-VOCAL의 탄생 배경과 지향점

K-VOCAL은 특정 장르의 노래나 발성을 지칭하는 용어가 아니라, K-VOICE에서 출발하여 말에 노래의 음역과 정서를 더해 하나의 중심 발성으로 통합한 현대적인 발성 체계이다.

여기에서 'K'의 의미는 국가 코드가 아니라, 한국적인 말소리의 리듬과 호흡의 위치, 그리고 힘을 쓰지 않고 호흡의 중심을 유지하는 동양적인 발성 감각을 의미한다. 이것은 힘으로 만들어 낸 소리가 아니라, 호흡의 위치와 흐름으로 느낌을 전달하는 방법이다.

K-VOCAL은 K-VOICE에서 출발하여 노래로 확장된 핵심 구조이며, 기존의 음역별로 다른 발성과 힘으로 지탱하는 호흡, 고음 중심의 노래에서 벗어나 하나의 중심 발성으로 전체 음역을 통합한다. 나이가 들어도 변하지 않는 건강한 목소리를 지향하는 새로운 발성 언어이다.

한국인은 왜 노래를 오래 하면 목이 상하고 거칠어지는가? 그동안 한국의 보컬 발성은 서양 성악과 대중가요의 발성법을 그대로 받아들여, 음악홀과 오페라 극장을 전제로 한 성악과 마이크에 의존한 대중가요 방식으로 이어져 왔다. 그 결과 고음과 음량, 기교 중심의 노래는 커졌지만, 목소리의 생명력은 짧아지는 한계를 드러냈다.

흉식호흡 중심의 노래는 짧은 호흡과 좁은 공명을 바탕으로 과도한 후두의 긴장과 고음에 대한 집착을 낳았고, 이는 성대의 피로를 누적시키는 원인이 되었다.

K-VOCAL은 이러한 한계를 극복하고자, 한국어의 특성과 단전호흡의 철학을 바탕으로 깊은 호흡 위에서 노래를 다시 구성한 발성이다. 소리를 먼저 만드는 것이 아니라, 호흡과 공명, 발성이 자연스럽게 연결되도록 하여 몸 전체로 소리를 회복하는 데 그 출발점이 있다.

이 발성은 성악과 대중음악을 나누지 않는다. 성악의 안정성과 지속성, 대중음악의 자유로운 표현력을 통합하는 데 그 지향점이 있다. 이를 통해 클래식 발성으로도 대중가요를 부를 수 있고, 대중가요 또한 나이에 관계없이 목소리를 보호하며 지속할 수 있는 가능성을 제시한다.

K-VOCAL은 올바른 호흡을 기반으로 횡격막의 조절을 통해 성대와 목에 힘을 주지 않고 자유롭게 노래할 수 있도록 한다. 이는 목소리의 생명력을 길게 하고, 한국인의 언어와 신체 구조에 맞는 보다 자연스럽고 지속 가능한 노래의 길을 제시한다.

예술의 궁극적인 목적은 전 세계적으로 인정받으며 오랜 시간 지속되는 데 있다. 쾌락 중심의 표현은 빠르게 소모되지만, 절제와 감동을 담은 예술은 오랜 시간 생명력을 유지한다.

시대의 흐름 속에서 음악 역시 변화해 왔지만, 결국 오래 남는 것은 깊은 감동과 절제된 아름다움을 가진 소리이다.

K-VOCAL은 이러한 관점에서, 어느 세대에게나 공감과 감동을 줄 수 있는 새로운 발성의 방향을 제시한다. 단순한 기술이나 유행을 넘어, 절제된 감정과 깊은 울림을 통해 오래 지속되는 예술성을 지향한다.

복식호흡을 기반으로 성대를 안정적으로 조절하고, 감정의 폭을 자연스럽게 확장하는 이 발성은 보다 보편적이고 신뢰받는 소리로 나아갈 수 있는 가능성을 가진다.

K-VOCAL은 하나의 장르를 넘어, 독창 · 합창 · 뮤지컬 · 오페라 등 다양한 분야에 적용될 수 있는 확장성을 지닌다. 이는 다음 세대로 이어질 수 있는 새로운 발성의 흐름이자, 오랜 생명력을 가진 예술적 기반이 될 것이다.

니체의 음악 이원론,
그리고 K-VOCAL

필자는 대학에 입학하여 처음 김진균 박사의 강의로 음악의
방향을 정했다. 아폴론적(Apollonisch) 질서와 디오니수스적
(Dionysisch) 생명론이 바로 그것이다.

이것은 모두 니체(Friedrich Nietzsche)의 저서 『비극의 탄생』에
서 시작된 음악 철학이다. 그는 예술, 특히 음악의 본질을 두 개
의 근원적 충동으로 설명하며, 이 둘의 긴장과 결합이 진정한
예술을 탄생시킨다고 보았다.

아폴론적인 음악은 형식과 질서의 음악이다. 빛과 이성, 형태
와 절제의 상징이며, 균형 잡힌 구조와 정확한 음정, 절제된 감
정을 통해 고전주의 음악과 성악의 형식미를 낳았다. 이것은 의
식이 이성을 통해 소리를 다스리는 상태를 의미한다.

반면 디오니수스적 음악은 생명과 본능의 음악이다. 도취와
충동, 생명력의 흐름 속에서 리듬과 감정의 자연스러운 발산을
중시한다. 말의 떨림과 호흡의 흔들림, 감정의 움직임이 그대로
드러나는 음악이다.

K-VOCAL에서 본 관점은 이 두 요소의 균형 회복에 있다.

아폴론적인 호흡의 질서와 안정된 발성이 소리의 중심이 되고, 디오니수스적인 요소의 말의 떨림과 감정의 자연스러운 발산이 더해질 때 비로소 살아 있는 음악이 된다. 형식을 존중하면서도 억누르지 않고, 생명의 질서를 무너뜨리지 않는 균형이 그 목표이다.

니체의 음악 이원론은 단순한 음악 이론이 아니라 삶을 대하는 태도에 대한 철학이다. 형식만 남으면 음악은 사라지고, 본능만 남으면 음악은 흩어진다. 오늘날 목소리가 살아나기 위해서는 이 두 힘의 긴장과 균형이 필요하다. 그 균형은 기술 이전에 호흡과 몸, 그리고 삶의 태도에서 시작된다.

니체는 음악이 개념 이전에 존재하며, 말보다 먼저 인간을 움직인다고 보았다. 고대 그리스 비극에서 대사와 형식, 합창과 음악이 결합될 때 비극은 단순한 이야기를 넘어 삶 전체를 흔드는 예술이 된다.

오늘날 서양 중심의 음악은 아폴론적 요소가 강해지면서 형식과 음정, 공명의 중심으로 발전해 왔다. 반면 트로트와 민요와 같은 대중음악은 디오니수스적 요소가 강하여 말과 소리의 경계에서 삶의 흔들림을 그대로 담고 있다.

K-VOICE와 K-VOCAL의 철학적 기조는 바로 이 두 요소의 균형에 있다. 감동과 절제, 질서와 생명, 그 두 흐름이 하나로 만날 때 비로소 살아 있는 소리가 완성된다.

마찰과 진동

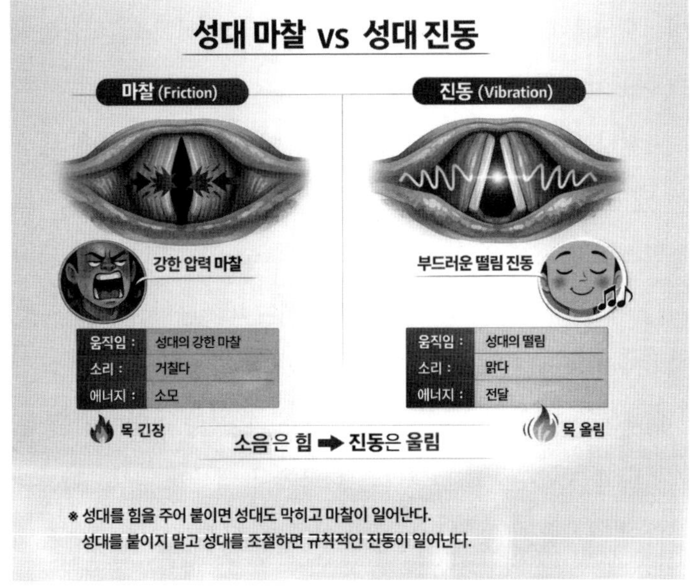

인류는 오랫동안 목소리를 마찰로 이해해 왔다. 공기가 성대에서 부딪히고 비비면서 소리가 난다고 여겼기 때문이다. 하지만 현대 음성학에서는 목소리를 성대의 규칙적이고 주기적인 진동으로 설명한다.

폐에서 올라온 공기가 성대를 통과할 때, 성대는 열렸다 닫히는 운동을 반복하며 규칙적으로 진동한다. 이 현상은 베르누이 효과로 설명되며, 우리가 듣는 목소리의 본질은 바로 이 규칙적인 진동에 있다.

반면 마찰은 비정상적인 발성에서 나타난다. 성대에 힘이 들어갈 때 성대가 과하게 눌려서 거친 소리가 나는 것을 의미한다. 따라서 마찰은 본래의 소리가 아니라, 과도한 긴장과 성대의 압력에서 나오는 소리이다.

목소리의 본질은 힘이 아니라 성대의 진동이다. 고른 진동이 유지될 때 소리는 맑고 안정되며, 자연스러운 울림을 갖게 된다.

인류는 오랫동안 목소리를 힘과 접촉의 개념으로 이해해 왔지만, 이제는 진동의 개념으로 전환해야 할 시점에 와 있다. 이는 단순한 발성의 변화가 아니라, 소리를 대하는 인식의 전환이며 하나의 문명적 변화라 할 수 있다.

K-VOICE와 K-VOCAL은 이러한 전환 위에 서 있다. 마찰의 발성에서 진동의 발성으로, 문명의 전환이다. 목소리가 바뀌면 문화가 바뀌고 사회가 바뀐다. 마찰의 목소리는 마찰을 만들고, 진동의 목소리는 아름다운 문명을 만들어 낸다. 역사가 이를 증명해 주고 있다.

마찰의 목소리는 긴장과 경쟁을 낳고, 소음을 만든다. 반대로 진동의 목소리는 안정과 조화를 이루며, 부드러운 울림으로 전달된다. 호흡이 자연스러워질수록 이 진동은 더욱 정돈되고, 목소리는 더욱 아름다워진다.

K-VOICE와 K-VOCAL은 힘으로 밀어내는 마찰의 목소리를 진동의 목소리로 바꾸어 아름다운 울림을 만드는 데 그 목적이 있다. 이는 단순한 기술이 아니라, 인간의 본래적인 소리를 되찾는 과정이다.

제3의 목소리, 단전호흡

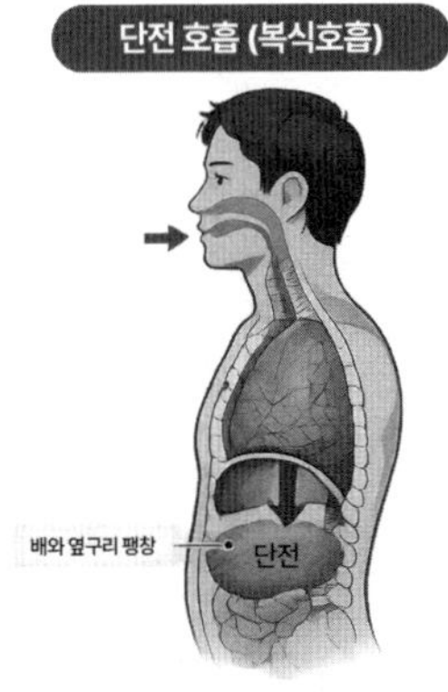

깊은 호흡, 복부 팽창, 안정된 공기 흐름

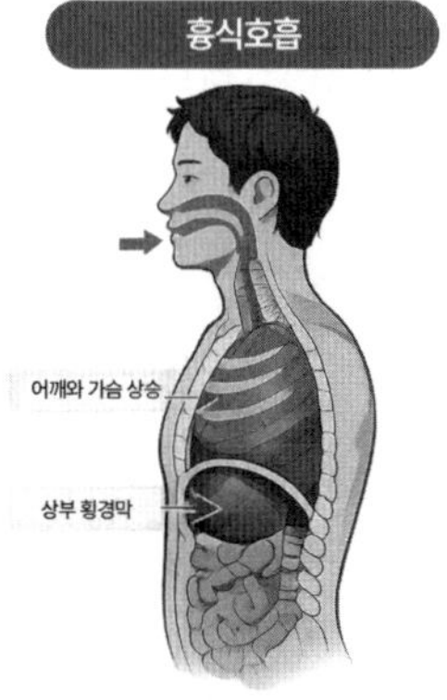

얕은 호흡, 어깨 긴장, 복부 수축

단전호흡은 단순한 복식호흡이 아니라, 몸의 중심인 단전을 기반으로 하는 제3의 호흡이다. 서양의 복식호흡이 폐의 확장에 중심을 둔다면, 단전 호흡은 몸의 중심 단전에 그 중심을 둔다.

이 호흡의 핵심은 횡격막이 가장 깊게 내려가면서 단전에서 호흡을 안정하게 조절하는 데 있다. 이 과정에서 성대의 마찰이 줄어들며 성대의 자연스러운 진동의 상태가 된다. 그 결과 소리는 깊은 공명과 울림의 상태가 되며, 서양의 복식호흡보다 더욱 안정된 진동의 흐름을 만들어 낸다.

단전호흡은 동양의 전통 수련 문화에서 시작되었다. 인간의 몸에는 에너지의 중심점이 있고, 그곳을 단전이라 불렀다. 단전은 배꼽 아래 약 3~4cm 지점에 위치하며, 몸의 균형과 생명의 기(氣)가 모이는 중심이 된다. 현대에서는 건강과 명상, 스포츠 음악 분야에서 인간의 호흡을 극대화하는 실용적인 호흡으로 재해석되고 있다.

동양의 호흡과 서양의 소리 메커니즘이 만나는 지점에서 진동의 목소리가 탄생한다. 성대는 공기가 후두를 지나갈 때 성대는 열렸다 닫히며 매초 수백 번 진동한다. 이 진동은 인두와 구강 비강을 통과하면서 공명을 만들어 낸다. 이러한 원리는 동양의 호흡, 서양의 성악 전통, 그리고 현대 음성 과학이 통합되는 지점이라 할 수 있다.

단전호흡의 가장 큰 특징은 몸 전체가 공명하는 깊은 목소리를 만들어 낸다는 데 있다. 성대의 마찰이 줄어들어 오랫동안 말을 하거나 노래해도 피곤하지 않다.

성대가 힘이 들지 않으므로 80~90세까지 건강한 진동의 목소리를 낼 수 있다. 또한 호흡의 압력이 일정하므로 소리가 흔들리지 않으며 음정도 유지할 수 있다.

특히 고음에서도 힘으로 밀어내지 않고 진동으로 소리를 내므로, 자연스럽게 음이 확장된다. 폐의 공기를 충분히 활용하므로 힘을 쓰지 않아도 풍부한 배음과 성량을 확보할 수 있다.

또한 단전호흡은 말하기와 노래의 구조를 하나로 연결한다. 이로 인해 발성은 더욱 자연스러워지고, 다양한 음역을 자유롭게 넘나드는 확장된 목소리가 가능해진다. 멀티싱어의 개념 역시 이러한 단전호흡의 기반 위에서 완성된다.

복식호흡의 확장과
음성의 통합 원리

복식호흡은 단순한 호흡 방법이 아니라, 인체 내부의 움직임을 통합하여 음성과 신체를 동시에 조율하는 생리적 운동이다. 인간의 움직임은 신체 외부의 근육 운동과 신체 내부의 장기 운동으로 나눌 수 있는데, 복식호흡은 이 두 영역을 연결하는 핵심적인 역할을 한다.

특히 횡격막의 상하 운동은 복식호흡의 중심이 된다. 호흡을 들이킬 때 횡격막이 내려가고 폐의 하부가 확장되며 이 과정에서 간과 위, 장과 같은 복부의 장기가 부드럽게 압박과 이완이 반복된다. 이러한 움직임은 내부 장기의 혈류를 증가시키고 내장 기관의 기능을 활성화하며, 장기를 부드럽게 마사지하는 효과도 있다.

또한 복식호흡은 복강 내의 압력을 부드럽게 움직여, 호흡을 들이킬 때 복압이 높아지며 내쉴 때 복강 내의 압력을 부드럽게 움직이게 한다. 허파와 심장뿐 아니라 전신 순환을 돕는 보조 순환 펌프의 역할을 담당한다. 이로 인해 신체 전체의 에너지 흐름이 원활해진다.

복식호흡은 자율신경계를 직접적으로 조절한다. 호흡이 안정되어 심박수와 혈압이 자연스럽게 조절되고, 근육의 긴장을 풀어 주어 불안과 초조함이 줄어든다. 이는 몸을 이완시키고 심리적으로도 평안한 상태를 만들어 준다.

또한 폐의 하부까지 공기를 전달하여 산소 교환 효율을 극대화한다. 이로 인하여 산소가 세포까지 전달되며 피로 회복을 촉진시키며, 신체 에너지 대사가 안정되어 간다.

복식호흡은 자세에도 영향을 미친다. 허리와 복부의 균형을 잡아 주어 자연스럽게 바른 자세를 유지하게 하며, 호흡과 허리의 움직임을 일치시키며 신체 전체의 사용이 안정된다.

무엇보다 복식호흡은 음성과 직접적으로 연결된다. 성대에 가해지는 압력을 줄이고 안정된 호흡의 지지를 제공한다. 그 결과 목소리의 불안정한 떨림이 감소되고, 깊은 음색으로 안정되며, 풍부한 호흡으로 말의 지속력과 전달력 또한 자연스럽게 향상된다.

이러한 호흡이 몸에 자리 잡으면, 힘을 쓰지 않아도 편안하고 자연스러운 목소리를 얻게 된다. 복식호흡은 결국 몸과 소리, 그리고 감정을 하나로 연결하는 가장 근본적인 기반이다.

쉰 소리와 갈라지는 목소리의
원인과 회복

쉰 목소리와 갈라지는 목소리는 성대의 진동이 불균형을 이룰 때 나타나는 현상이다. 이는 성대의 진동이 깨졌다는 신호이다. 일반인들도 평소 목소리가 깨끗하지 않고 성대가 서로 붙지 않고 떨어져 호흡이 새는 경우가 많다.

휴식 상태에서도 성대의 접촉이 불완전하거나 성대 근육의 탄력이 떨어지면 쉰 소리가 난다. 이때 호흡이 성대를 제대로 받쳐 주지 못하고 소리를 만들어 내려고 힘을 쓰면, 오히려 힘만 더 들어가고 거친 소리가 나기 쉽다.

이러한 증상은 다양한 원인에서 비롯된다. 성대의 염증이 원인일 수도 있으며 감기와 바이러스에 감염, 또는 과도한 성대의 사용으로 발생할 수도 있다.

성대의 결절과 폴립이 생긴 경우, 지속적인 성대의 마찰과 무리한 고음을 사용하거나 역류성 후두염으로 위산이 성대를 자극하여 아침에 심하게 나타난다. 목을 조이는 흉식호흡 위주의 발성과 성대를 과도하게 폐쇄한 것이 원인이다.

쉰 목소리를 회복하기 위해서는 성대에 힘주어 마찰시켜 세게 내려고 하지 말고, 가볍게 정확하게 성대의 진동으로 붙여야 한다. 입을 다문 채 "음"으로 아주 작게, 하지만 진동 없이 호흡이 빠지지 않도록 연습해야 한다.

성대가 마찰로 인하여 떨림이 감소되면서 목이 편안하고 맑아질 때까지 연습해 보자. 자주 쉬면서 편안한 상태를 유지하면 더욱 좋다. 공기의 흐름에 집중하여 약하게 립트립(입술 떨기)을 하면 회복된다. 건조한 환경은 성대의 회복을 늦추기 때문에 충분한 수분 섭취와 적절한 습도 유지 역시 필수적이다.

노화로 인한 쉰 목소리는 복식호흡을 통해 안정된 호흡 지지를 회복하는 것이 중요하다. 성대가 자연스럽게 붙는 느낌을 익히는 연습을 하면 도움이 된다.

갈라지는 목소리는 말하다가 소리가 분리되는 현상으로, 특히 고음에서 심하게 힘을 주는 경우 자주 나타난다. 턱과 목, 혀의 긴장이 주요 원인이다. 호흡의 지지가 약할 때 공기량이 부족할 때도 발생하기 쉽다. 성대 접촉의 불균형, 피로 누적, 건조한 상태 역시 영향을 준다.

만약 통증이 동반되거나 침을 삼키기 어려운 느낌, 이물감 등이 함께 나타나고 이러한 증상이 2~3주 이상 지속되면 반드시 이비인후과에서 진료를 받아야 한다.

증상이 나타났을 때는 최소 3~5일 동안 충분한 휴식을 취하는 것이 좋다. 이때 속삭이는 소리도 성대에 부담을 줄 수 있으므로 피해야 한다. 하루 약 2L 정도의 수분을 꾸준히 섭취하고, 습도를 유지하는 것이 도움이 된다.

또한 위산 역류를 방지하기 위해 취침 3시간 전에는 음식 섭취를 피하는 것이 요구된다. 그리고 목과 턱을 이완시키며 복식호흡을 자주 연습하는 것이 바람직하다.

마이크 시대의 K-VOCAL 음성철학

현대에 마이크는 주파수를 확실하게 드러낸다. 작은 소리라도 주파수가 고르면 전달이 잘된다. 마이크는 호흡의 질을 그대로 확대시킨다. 복식호흡은 마이크 앞에서 더욱 선명하게 드러난다.

마이크는 나쁜 목소리도 있는 그대로 나타낸다. 흉식호흡은 불안정한 주파수와 얕은 성대 사용으로 인해 마이크를 통과하며 떨리는 목소리는 더욱 확대되고 쇳소리는 더욱 증폭된다. 육성보다 더 듣기 힘든 기계적인 소리가 되므로 흉식호흡은 좋지 않다.

반면 복식호흡은 기본 주파수가 안정되어 있고 배음이 정렬되어 있으며, 고주파의 소리는 절제된다. 이 소리는 마이크를 통해 부드럽게 증폭되며, 조용하고 정돈된 울림으로 전달된다. 마이크 시대에 청중들은 시끄러운 소리보다 정돈된 소리에 집중한다.

마이크를 사용하여도 복식호흡의 목소리는 작아도 멀리 가며, 낮은 소리에도 무게가 있다. 디지털 시대에 복식호흡은 최적의 음성이 된다. 호흡의 품격을 높이며 감정을 절제시켜 더욱 인간

적인 부드러운 음성이 되게 하며, 안정된 주파수를 만들어 준
다. 마이크 시대에 발성보다 복식호흡이 필수적인 이유이다.

복식호흡이 없는 상태에서 마이크를 사용하면 주파수는 과장
되게 나타나며, 나쁜 주파수를 과다하게 증폭시킨다. 고주파
가 과다하게 증폭되면 말이 공격적이고 날카롭게 들린다. 청중
들이 장시간 청취 시 피로를 유발하며, 성대의 불안정성이 더욱
크게 드러난다.

흉식호흡으로 마이크를 사용하면 미세한 진동으로 흔들림까
지 포착되며, 소리가 갈라지고 얇은 소리가 강조된다. 자연 발
성의 고른 배음과 기본음은 아름답지만, 마이크 발성은 특정 배
음만 튀어 오르므로 소리의 깊이는 사라지고 차갑게 들리는 경
향이 있다.

K-VOCAL에서 마이크는 육성으로 연습하여 익숙해진 후 마
이크를 사용하는 것이 원칙이다. 마이크 앞에서 소리를 힘으로
밀지 말고, 더 작고 더 깊은 소리를 내는 것이 좋다. 복식호흡의
마이크 소리는 정돈된 전달을 만들어 낸다.

성악가와 대중가수의 발성 차이

성악가의 목소리와 노랫소리는 단순히 타고난 소리가 아니라, 오랜 연습을 통해 만들어진 호흡과 공명, 그리고 감정의 절제에서 비롯된다. 그 소리는 훈련된 진동으로 확장된 공명을 가지며, 안정한 호흡의 지지가 결합된 소리이다.

성악 발성에서 중요한 것은 먼저 말소리를 훈련하여 아름다운 목소리를 만드는 것이다. 힘으로 만든 소리가 아니라, 무리함이 없는 복식호흡을 통해 몸 전체를 울리는 공명이 부드럽고 아름답다.

복식호흡을 하면 호흡이 흔들리지 않고 깨끗하며 아름다운 파장이 된다. 소리가 몸 전체를 울리므로 마이크가 없어도 공명된 목소리로 음악홀 전체를 울릴 수 있다.

복식호흡은 호흡이 흔들리지 않고 긴 프레이징도 가능하며 호흡을 내쉴 때에는 성대의 조임으로 내는 것이 아니라 호흡으로 지탱하는 전체 소리가 아름답다.

또한 아랫배 전체를 사용하므로 폐활량이 매우 크다. 횡격막으로 호흡을 조절하여 성대를 쓰지 않고 호흡으로 부드럽게 낸다. 울림은 가슴과 인두, 두성 공명을 함께 연결하여 사용하므로 부드럽게 울린다.

성악가는 몸 전체를 복식호흡으로 모든 공간을 울려서 하나의 악기처럼 사용한다. 호흡 위에 소리를 싣고, 공명을 확장시키며, 감정을 절제된 상태에서 표현한다. 그래서 나이가 들어도 아름다운 목소리는 유지된다, 성악가의 목소리는 목에 힘을 주지 않으므로 거칠지 않고 억지로 소리를 만들지 않는다.

차분하고 힘이 있는 소리지만 호흡의 흐름을 횡격막으로 조절하여 절제된 감정으로 노래한다. 듣는 사람이 피곤하지 않고 부드러운 말소리와 노랫소리는 아름다운 소리가 된다. 고음과 저음에서 소리가 갈라지지 않는 안정된 소리는 신뢰성과 안정감을 준다.

그런데 여성 성악가와 대중가수는 성량과 적고 저음이 잘 나지 않는 경우가 많다. 살아온 흉식호흡의 폐활량을 줄이고 복식호흡을 아랫배까지 늘리면서 고개를 많이 들지 않고 습관적으로 연습을 많이 해야 한다.

횡격막을 조절된 상하운동으로 일정한 압력의 유지가 필요하다. 과도한 마찰보다 탄력 있는 균일한 진동으로 아주 미세한 성대의 접촉에서 맑은 진동이 일어난다. 소리는 위로 떠오르는 느낌이 필요하다.

특히 성악가들은 오케스트라를 뚫고 나오는 포르만트Formant (2500Hz~3500Hz)[1]가 만들어져야 한다. 이를 위해서는 복식호흡을 통해 소리가 몸 전체에서 나오는 연습이 필요하다. 이것이 습관화되면 노래하기 전 발성 연습이 없이 바로 좋은 울림이 나온다.

성악가는 공명의 확장된 진동이 그 생명이다. 언제나 편안한 목소리로 노래하라. 이것이 말을 노래보다 먼저 공부해야 하는 확실한 이유이다.

성악가와 대중가수의 차이는 노래의 목적과 표현 방식에서 분명하게 드러난다.

호흡을 보면, 성악가는 완전한 복식호흡을 기반으로 폐의 전체를 이용하며 호흡을 오래 유지할 수 있다. 또한 호흡을 횡격막으로 조절하므로 안정된 소리를 만든다. 성대에 힘을 주지 않고 지나가게 하면서 큰 소리를 횡격막으로 만들 수 있다. 호흡이 노래를 이끌고 간다.

공명의 위치도 성악가는 인두(목젖)와 구강, 두강 등 전체의 공간을 공명시킨다. 몸 전체를 울림통으로 둥글게 소리를 만든다. 자연스러운 울림만으로 멀리까지 보낸다.

1 성대 진동이 모든 공명을 확장시켜 내는 소리로 특정 주파수가 증폭되는 현상. 약 2500~3500Hz.

또한 마이크 없이도 관현악의 소리를 통과하지만 거칠지 않다. 호흡을 이용하므로 에너지의 손실이 작다. 소리의 아름다움에 중점을 두고 모음 중심의 발성을 한다. 곡 전체의 감정을 중요시하며 절제하는 소리를 흔들리지 않고 깨끗하게 내기에 쉽다. 또한 말하기에도 성악적 복식호흡이 훨씬 아름답고 좋다.

반면 대중가수는 마이크 사용을 전제로 흉식과 복식호흡을 같이 쓴다. 성대에 힘을 주어 사용하므로 소리가 짧고 목에 힘이 들어간다. 감정을 직접적으로 전달하는 데 초점을 두기 때문에 감정에 따라 호흡도 흔들리는 경우도 있다.

작은 소리도 섬세하게 친밀하게 노래를 부른다. 입과 비강을 중심으로 작게 공명시키며 실제 음량은 작기 때문에, 마이크와 음향기로 소리를 조절하면서 음량을 확장시킨다. 가사 전달에 중점을 두기 때문에 감정과 공감대의 형성에는 대중가수의 발성이 효과적이다.

하지만 이로 인해 성대에 무리가 갈 수 있으며, 거친 소리를 관리하기 힘들다. 결국 목소리의 수명이 짧아진다.

성악과 대중가요, 특히 트로트는 출발점 자체가 다르다.

성악은 공명과 음정, 그리고 소리 자체의 완성도를 우선으로 하며 '어떻게 소리를 낼 것인가'에 중심을 둔다. 반면 트로트는 말과 정서를 중심으로 '무엇을 전달할 것인가'에 중점을 둔다.

성악은 큰 소리와 밝은 소리로 멀리 보내며, 같은 음색의 소리를 내야 한다. 트로트도 복식호흡을 사용하여 많이 발전된 모습을 보여 주고 있다. 그러나 트로트에서의 좋은 소리는 마이크를 의식하며 가까운 소리를 낸다. 가끔 흔들리는 감정을 소리에 담기도 한다.

트로트는 마이크를 전제로 한 가까운 소리, 인간적인 부드러움, 그리고 감정의 직접적인 전달을 중요하게 여긴다. 때로는 성악적인 발성이 오히려 차갑고 거리감 있게 들릴 수 있다. 반대로 트로트의 감정 표현은 성악의 기준에서는 과장되거나 불안정하게 느껴질 수 있다.

이처럼 성악과 대중가요는 서로 다른 미학을 가지고 있지만, 결국 인간의 목소리를 통해 감정과 의미를 전달한다는 점에서 하나의 흐름 안에 있다.

세계 성악사 속 K-VOCAL의 위치

세계의 성악사는 오랜 세월 동안 소리의 확대와 분화를 중심으로 발전해 왔다. 서양 성악은 성량과 투시력을 높이는 방향으로 진화해 왔으며, 그 과정에서 남성의 목소리는 테너·카운터테너·바리톤·베이스와 같이 엄격한 성역의 체계로 분화되었으며, 여성의 목소리는 소프라노·메조소프라노·알토 등으로 세분화되었다.

이러한 체계는 교회와 극장, 대형공연장이라는 무대 환경에 최적화된 결과였다. 그러나 그 과정에서 말하는 목소리와 노래하는 목소리의 단절은 점차 고착되었다. 20세기 후반 마이크 기술의 발달과 함께 '크게 내는 소리'와 '안정되고 전달력 있는 소리'가 중요해졌음에도 불구하고, 성악의 핵심 이론은 여전히 노래 중심의 소리에 국한되어 왔다.

이러한 시점에서 K-VOCAL은 세계 성악사에 새로운 커다란 질문을 던지는 이론으로 등장한다. K-VOICE를 토대로 목소리를 하나의 예술로 승화시키면서 인간의 음성의 근원적인 구조, 즉 호흡·주피수·공명의 관계를 중심에 둔다. 이것은 더 크게 말하는 데 두지 않고 어떻게 아름다운 목소리로 본래의 음성을 회복할 것인가로 음성의 중심을 이동한다.

세계 성악사의 관점에서 볼 때 K-VOCAL은 목소리 구조의 가장 기초적이고 중심이 되는 이론이다. 지금까지의 음성이 성대의 기술과 음역별 훈련에 집중해 왔다면, K-VOCAL은 말과 노래를 구분하지 않고 모든 소리의 출발점을 복식호흡과 최적의 안정된 주파수를 찾는 데 둔다.

이러한 접근은 서양 성악사에서는 보기 드문 놀랄 만한 성과이다. K-VOICE가 일상의 목소리를 출발점으로 삼았다면, K-VOCAL은 그 목소리를 노래로 확장하는 개념이다. 이는 단순한 발성 기술을 넘어, 동양의 호흡 철학과 언어 구조, 그리고 인간의 실제 음성 사용을 통합적으로 바라보는 시도이다.

특히 K-VOCAL의 중요한 의미는 노래와 말하기의 경계를 허문 데 있다. 이는 노래 중심의 예술에서, 말하기 이론으로의 전환을 의미한다.

K-VOCAL은 기존 성악 이론의 연장이 아니라, 성악 이후의 시대를 예고하는 이론이라 할 수 있다. 또한 과도한 성대 사용과 음성 소모에서 벗어나 평생 아름다운 목소리를 목표로 한 미래 성악 교육의 중요한 출발점이 된다.

결국 K-VOCAL은 노래를 위한 기술의 역사에서 아름다운 목소리 회복을 위한 행동의 역사로 넘어가는 전환점에 위치한다.

이는 서양 중심 성악의 역사에 동양적인 호흡과 언어 감각을 결합한 새로운 말하는 예술을 위한 쾌거라 할 수 있다.

벨칸토 창법과
K-VOCAL의 근본적 차이

벨칸토 창법의 역사는 17~18세기 이탈리아 오페라의 전통 속에서 형성된 발성 체계로, 마이크가 없는 극장에서 관현악 소리를 차고 나오는 크고 아름다운 소리를 목표로 발전해 왔다. 이는 전문 성악가와 무대 중심의 공연예술을 전제로 한 발성으로, 음량과 투사력, 그리고 화려한 음색을 중심으로 발전한 예술이다.

이와 달리 K-VOCAL은 21세기 대한민국에서 출발한 새로운 발성 개념이다. K-VOCAL의 목소리는 말하기와 노래의 통합에 있으며, 마이크 시대에 어울리는 발성이며, 삶의 전체에서 쓰는 목소리로 만들어졌다. 일반인과 교사, 강사, 가수, 지도자들의 아름답고 건강한 목소리를 염두에 둔 발성 체계다.

벨칸토가 무대를 위한 소리라면, K-VOCAL은 인생 전체에서 함께하는 목소리이다.

벨칸토는 복식호흡을 쓰며, 나아가 단전호흡을 통하여 소리를 만들고 유지하는 구조로 아랫배 전체를 지지한다. 성대의 지속적인 압력을 횡격막으로 지지하는 역할을 하며, 화려한 음색으로 커다란 음량과 함께 극적인 표현을 노래한다. 이것은 말하기와 분리되며, 과도한 훈련 시 성대의 피로가 크고 나이가 들면서 소리는 급격히 쇠퇴한다.

반면 K-VOCAL은 자연 호흡에 기초를 두고 있으며, 이완과 수축의 균형을 중심으로 성대의 압력을 최소화해서 호흡을 운반한다. 이것은 말과 노래를 통합시키고 정서를 안정하게 만들며, 성대의 수명을 보호하며, 나이가 들어도 노래를 건강하게 만든다.

또한 두 발성은 소리의 방향과 공명에서도 차이를 보인다. 벨칸토는 힘을 조절하고, K-VOCAL은 힘을 풀어 준다. 벨칸토가 위로 쏘아 올리는 밝고 화려한 소리를 지향한다면, K-VOCAL은 낮고 안정된 공명을 바탕으로 깊고 부드러운 울림을 만든다. 이는 외향적인 전달이 아니라, 듣는 사람에게 편안함과 신뢰를 전달하는 내향적인 목소리이다.

결국 벨칸토가 '무대를 위한 완성된 소리'를 지향한다면, K-VOCAL은 '삶 속에서 지속되는 자연스러운 소리'를 지향한다. 이는 발성의 목적 자체를 바꾸는 접근이며, 노래 중심의 발성에서 인간 전체의 목소리로 확장되는 새로운 패러다임이라 할 수 있다.

K-VOCAL로 완성되는
대중가요 발성

K-VOCAL은 노래보다 먼저 말의 호흡을 훈련하는 데서 출발한다. 그 시작은 노래가 아니라 복식호흡에 의한 말이다. 가사는 대화체이고 감정을 전달하는 데 있으며 노래는 확장된 말하기에 가깝다.

K-VOCAL은 이 구조를 바탕으로 말과 노래, 그리고 침묵마저도 하나의 복식호흡 선상에서 이해한다. 이러한 흐름은 트로트와 대중가요가 지닌 서사와 감정 전달 방식과도 자연스럽게 맞닿아 있다.

한국어는 받침과 말끝의 억양을 중심으로 감정을 중요전달하는 언어이다. K-VOCAL은 이러한 언어적 특성에 맞추어, 받침을 닫지 않고 호흡의 흐름 위에서 처리한다. 또한 복식호흡으로 감정선을 유지시키며, 가사를 발음이 아닌 호흡의 흐름으로 전달한다.

이 구조 속에서 트로트의 한과 대중가요의 담담함, 체념, 그리움의 감정이 생생하게 살아난다. 꺾기와 흔들기 소리의 미는 것, 힘을 빼는 것도 복식호흡의 구조에서 처리된다. 기존의 성대의 힘으로 조작하는 것과 과도한 장식도, 호흡으로 풀어 준다.

K-VOCAL의 발성은 성대의 고정된 긴장 위에 만들어지는 것이 아니라, 복식호흡의 안정된 호흡 속에서 미세한 변화로 조절된다. 그래서 이 소리는 기술적으로 드러나기보다, 사람의 자연스러운 호흡처럼 느껴진다. 이러한 자연스러움은 복식호흡이 만들어 내는 긴 호흡의 여유에서 비롯된다.

또한 이 발성은 마이크 시대에 적합한 구조를 가진다. 작은 소리도 안정된 주파수로 전달되며, 중·저음 중심의 밀도 있는 말소리가 자연스럽게 감정과 함께 전달된다. 흉강과 복강의 공명이 복식호흡에 의해 균형을 이루면서, 말하듯 이어지는 선율이 형성된다.

이러한 목소리는 나이가 들어도 쇠하지 않는다. 성대의 압박이 복식호흡으로 줄어들고 호흡이 안정되면서, 오히려 삶의 깊이가 소리에 자연스럽게 담긴다. 특히 중장년과 시니어의 대중가요와 트로트에서 그 힘이 더욱 분명하게 드러난다.

K-VOCAL은 감정을 억지로 만들어 내지 않는다. 호흡 속에서 자연스럽게 드러나는 감정을 통해 듣는 사람에게 친근하게 다가간다. 이러한 발성은 단기간에 완성되지 않으며, 반복적인 훈련을 통해 점진적으로 습관화된다. 처음에 10%로 시작되다가

20%, 30%의 연습량에 의해서 익숙하게 만들어진다.

저자는 50년의 성악의 흐름 속에 이제 자유함을 느낀다. 트로트와 대중가요를 목의 힘으로 잘 부르려 하지 말고, 복식호흡으로 말을 하듯 불러라. 편안해지며 여유가 생길 것이다.

K-VOCAL은 호흡의 구조를 훈련하게 한다. 그것은 재능이나 타고난 감각에 의한 것이 아니라, 호흡의 구조 자체가 말하는 호흡으로 만들어졌기 때문이다. 말을 잘할 수 있으면 노래는 저절로 된다.

이 발성은 성악과 대중가요, 트로트의 경계를 넘어서는 하나의 흐름이며, 마이크 시대와 세대를 초월하여 적용될 수 있는 확장된 발성 체계이다.

마이크 환경에 따른
음성 주파수 운용법

K-VOCAL의 발성은 마이크 환경에 따라 더욱 정교하게 조절될 필요가 있다. 현대의 음성 전달은 마이크를 중심으로 이루어지기 때문에, 주파수에 대한 이해는 실제 발성에서 매우 중요한 요소가 된다.

마이크는 현대에 있어 필수적이며, 갈수록 다양한 종류의 마이크가 생겨나고 있다. 마이크의 유무에 따라 음성의 전달 방식과 주파수의 사용은 근본적으로 달라진다.

먼저 남성의 말소리는 마이크가 없을 때 너무 낮은 저음의 주파수는 공간에서 사라져 버린다. 일반적으로 남성의 말소리는 약 100~120Hz 이하로 과도하게 내려가지 않는 것이 좋으며, 여성의 경우에는 180~200Hz 이하의 저음은 억제하는 것이 바람직하다.

또한 남성은 개인의 최저음보다 반음-1음 위의 목소리가 좋으며, 여성은 흉성이 많은 저음은 사용하지 않는 편이 좋다.

반대로 마이크를 사용할 경우에는 저주파 영역이 효과적으로 증폭된다. 특히 콘덴서 마이크는 약 80~120Hz 대역까지도 민

감하게 반응하여 저음을 풍부하게 만들어 준다. 즉, 실제보다 더 안정된 저음을 마이크가 보완해 주는 것이다.

따라서 마이크를 사용할 때에는 실제 발성보다 약간 높은 톤으로 말하는 것이 좋으며, 마이크와의 거리를 지나치게 가깝게 유지하기보다 안정된 간격을 유지하며 또렷하게 발음하는 것이 중요하다. 일반적으로 자신의 평소 음성보다 약 10~15% 정도 높은 톤이 가장 안정적인 전달력을 만든다.

결론적으로, 마이크가 없을 때에는 저음 사용에 주의를 기울이고, 마이크를 사용할 때에는 저음을 보다 안정적으로 활용할 수 있다. 이러한 주파수의 이해와 조절은 현대 음성 환경에서 더욱 중요한 발성 요소라 할 수 있다.

3장

멀티싱어,
통합된 목소리의 새 패러다임

목소리 혁명

"마찰의 시대는 끝났다. 이제 진동의 시대가 시작된다."

Charles Lee

멀티싱어의 탄생

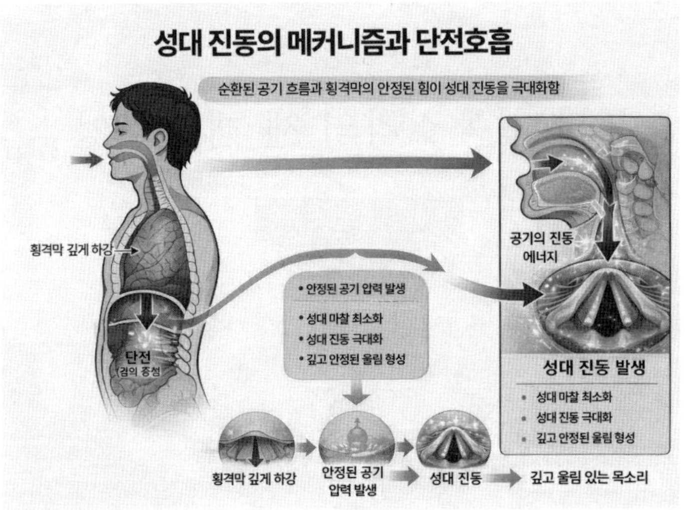

멀티싱어는 장르를 넘고 소리의 벽을 넘는 통합적인 발성의 체계이며, 그 중심에는 단전호흡이 있다. 멀티싱어는 하나의 몸의 중심에서 다양한 음역의 소리를 펼치는 사람으로, 깊은 단전호흡에서 횡격막을 유연하게 사용함으로써 만들어진다. 소리는 목에서 만들어지는 것이 아니라, 몸의 가장 깊은 중심에서 올라오는 원리에 기반한다.

한국의 전통 소리는 단전을 중심으로 아랫배에서 끌어올리는 자연스러운 울림을 사용해 왔다. 이것이 바로 정신과 호흡의 일치되는 결합이다. 마찰이 아니라 진동이 만들어지는 출발점이 되는 발성이다.

현대에 들어 클래식 음악은 관객층의 감소와 함께 대중화를 위한 새로움을 필요로 하고 있다. 전통적인 성악 역시 장르의 경직성과 대중성과의 거리로 인해 새로운 변화를 요구하고 있다.

이러한 흐름 속에서 멀티싱어는 K-VOICE와 K-VOCAL에서 이어진 개념으로, 한국적 단전호흡 감각과 인간의 자연 발성을 결합한 통합음성 체계로 등장한다.

베이스, 바리톤, 테너, 카운터테너의 4성부로 나누어진 파트를 한 사람의 목소리로 2가지 이상의 음역으로 노래하는 것을 의미한다. 여성의 경우에도 소프라노, 메조소프라노, 알토의 3가지 소리를 한 사람의 여성이 무대마다 음역을 넘어서는 다양한 음악을 소화하는 개념으로 이해할 수 있다.

기존의 방식에서는 정해진 장르에 목소리를 맞추는 과정에서 목소리가 분리되고 제한되었다. 그러나 멀티싱어는 그 출발점부터 다르다. 복식호흡을 기반으로 한 기본 목소리 위에 또 다른 호흡의 확장이 더해지며, 하나의 중심에서 다양한 음역이 자연스럽게 생성된다. 이는 모두 복식호흡의 구조 안에서 이루어진다.

남성의 경우 테너에서 카운터테너의 소리가 만들어지고, 바리

톤으로 확장되고 또 그 소리에 복식호흡의 저음이 보태지면 베이스까지 가능해진다.

이러한 구조는 한 무대에서 여러 음역을 하나의 목소리로 표현하는 새로운 음악적 가능성을 열어 준다. 이는 단순한 음역 확장이 아니라, 넓어진 목소리의 토양 위에서 다양한 소리를 자유롭게 구현하는 방식이다.

멀티싱어는 장르를 바꾸어 내는 것이 아니라 성대의 구조를 진동으로 하여 자유롭게 전환할 수 있는 사람이다. 이것은 복식호흡의 다양한 훈련과 횡격막의 조절로 만들어진다.

멀티싱어는 하나의 음역에 머무르지 않고, 한 사람의 음역이 아래위로 확장된다. 우리의 전통 국악처럼 남과 여의 구분만 있을 뿐 음역의 차이로 인한 구분 없이 하나로 통합된다.

말하듯이 노래하는 자유로움, 그리고 하나의 소리로 다양한 정서를 표현하는 능력. 멀티싱어는 분리된 발성의 체계를 하나의 생리적 구조로 통합하는 개념이며, 21세기 새로운 보컬리즘의 출발점이다.

멀티싱어의 가치와 미래

　수 세기에 걸쳐 성악은 종교적·제도적 구조 속에서 소프라노, 알토, 테너, 베이스와 같은 성부로 구분되어 발전해 왔다. 그러나 21세기에 이르러 이러한 구분은 점차 의미를 잃어 가고 있으며, 대중음악의 흐름처럼 보다 유연한 표현과 통합적인 발성이 요구되고 있다.

　이제 한 사람의 몸으로 다양한 음역을 소화하며 노래하는 방식이 새로운 가능성으로 떠오르고 있다. 성별과 연령에 구애받지 않고, 하나의 목소리로 폭넓은 표현을 구현하는 능력은 21세기에 가장 현실적인 발성의 형태라 할 수 있다. 이는 성악과 대중가요의 경계를 넘나들며, 중년 이후에도 젊은 음색을 유지하고, 여성과 남성 모두에게 새로운 음역의 확장을 가능하게 한다.

　이러한 흐름 속에서 멀티싱어는 두 개 이상의 성부를 한 사람이 폭넓은 음역으로 표현하는 통합적 발성의 개념이다.

　이 발성은 단순한 기술이 아니라, 복식호흡을 기반으로 한 하나의 호흡 구조 안에서 이루어지는 목소리의 통합이다. 말과 노래, 합창과 독창 등 다양한 음악적 영역 역시 하나의 호흡에서 연결된다.

멀티싱어의 가장 큰 특징은 성대를 마찰시키는 방식이 아니라, 진동의 원리를 기반으로 한다는 점이다. 이를 통해 성대에 무리를 주지 않으면서도 안정적이고 지속적인 발성이 가능해진다. 이러한 구조는 장시간의 사용에도 피로를 줄이며, 나이가 들어도 목소리를 유지할 수 있는 기반이 된다.

한편, 오랜 시간 유지되어 온 단일 음역 중심의 음악은 점차 반복성과 한계를 드러내고 있다. 같은 음역을 지속적으로 사용하는 방식은 새로움을 주기 어려우며, 클래식 음악 역시 점차 대중과의 거리를 좁히지 못하고 있다.

이러한 상황에서 멀티싱어는 전통적인 단전호흡을 바탕으로, 하나의 목소리 안에서 다양한 음역을 자연스럽게 확장하며 새로운 감동을 만들어 낸다.

이 발성은 이질감 없이 하나의 흐름으로 이어지며, 절제된 호흡 속에서 음역의 폭을 넓힌다. 여성은 깊은 저음의 가능성을 드러내고, 남성은 섬세한 고음까지 확장하며, 한 사람이 여러 성부의 역할을 수행할 수 있다. 이는 여러 사람의 소리를 하나의 목소리로 통합하는 새로운 음악적 구조로 이어진다.

멀티싱어는 단순한 장르가 아니라, 필자의 수십 년의 연구와

실험을 통해 많은 호응을 받으며 그 가능성이 검증된 발성 방식이다. 실제 무대에서 그 효과가 확인되었으며, 성대에 무리를 주지 않으면서도 기존 성악보다 더 풍부한 표현을 만들어 낼 수 있다.

또한 이 발성은 인공지능이 대체할 수 없는 인간 고유의 영역과 맞닿아 있다. 호흡의 미세한 떨림과 삶의 경험이 담긴 목소리는 기술로 완전히 구현될 수 없는 감동을 전달한다. 이러한 점에서 멀티싱어는 AI 시대 이후에도 남게 될 인간 예술의 중요한 형태라 할 수 있다.

결국 멀티싱어는 장르를 넘어서는 새로운 발성의 방향이며, 앞으로의 음악이 나아갈 가능성을 제시한다. 나이에 관계없이 지속 가능한 목소리, 하나의 호흡으로 통합된 다양한 표현, 그리고 인간적인 울림을 기반으로 한 음악. 그 미래는 결국 끊임없는 연습과 확장을 통해 완성될 것이다.

여성 멀티 싱어

여성은 타고난 흉식호흡으로 말보다 노래를 먼저 시작한다. 고음을 잘 내어야 된다는 생각에 주로 흉식호흡의 요소가 많이 실린다. 따라서 노래보다 말소리로 복식호흡을 먼저 익히고, 부드럽고 풍부한 폐활량으로 저음 영역을 충분히 확장한 뒤 고음의 노래를 하는 게 좋다.

하나의 깊은 복식호흡에 의하여 알토와 메조소프라노, 소프라노를 차례로 연습하면 폭넓고 깊은 노래가 된다. 멀티싱어는 단순히 여러 장르를 부르는 가수를 뜻하는 것은 아니다. 원래 여성이 가지고 있는 모든 소리를 말한다.

특히 여성은 저음의 소리가 넓어지며, 하나의 몸에서 다양한 목소리를 사용할 수 있다. 말소리를 폭넓게 훈련하여 저음부터 시작하면, 하나의 통일된 소리를 자유롭게 꺼낼 수 있다. 좁아진 음역을 복식호흡을 통해 저음을 충분히 넓힌 후 푸근하고 부드러운 음색으로 열려 있는 노래를 하면 된다.

여성의 목소리는 본래 말과 노래의 경계가 유연한 구조를 가지고 있다. 그러나 흉식호흡을 할 경우, 생애 주기에 따라 나이가 들면 목소리의 변화가 심하다. 충분한 복식호흡은 나이가 들어도 음정이 변하지 않게 지켜 준다.

이러한 점에서 여성은 멀티싱어에 매우 유리한 구조적 특성을 지닌다. 흉성과 두성의 발성 체계가 부드럽게 이어지고, 공명의 전환 또한 빠르다. 알토와 메조소프라노 소프라노의 전환이 쉬우며, 호흡과 감정의 연결이 쉽다, 미세한 떨림의 감정 표현과 표현이 쉬우며 성악은 물론 트로트, 발라드, 뮤지컬에도 최적이다.

여성은 고음이 좋아야 한다는 선입관을 버리고 복식호흡으로 저음의 폭을 넓히면 고음도 자연히 따라온다. 성대는 고정된 것이 아니다. 누구나 횡격막으로 복식호흡을 조절하면 멀티싱어가 될 수 있다

여성 멀티싱어의 핵심은, 목에 힘을 빼고 복식호흡과 횡격막의 조절만으로 감정을 이끄는 데 있다. 말과 노래를 나누지 않고, 하나의 성대에서 나온 소리임을 인식해야 한다.

여성은 하나의 소리로 열어 가는 아름다운 악기이다. 오르간처럼 불어 주는 복식호흡만이 소리를 유지한다. 모두가 하나의 음악적 자산이 된다. 호흡이 흔들릴 때 나는 소리는 갈라지고 흔들리며 심한 비브라토가 생긴다.

결국 여성 멀티싱어는 특별한 기술이 아니라, 본래 가지고 있

는 목소리를 회복하는 과정이다. 여성은 이미 다양한 음역을 사용할 수 있는 가능성을 지니고 태어났으며, 시대의 흐름 속에서 분리되어 사용되었을 뿐이다.

이제 그 목소리를 다시 하나로 통합할 때, 진정한 의미의 멀티 싱어가 완성된다.

세계 성악사 속 멀티싱어의 위치

세계 성악의 역사 흐름은 크게 보아 분화와 전문화의 역사였다. 천 년을 넘게 이어 온 서양 성악은 남성의 목소리를 베이스, 바리톤, 테너, 카운터테너로 구분하여 각 성역에 맞는 창법과 레퍼토리를 발전시켜 왔다. 이러한 체계는 음악적 완성도를 높였지만 한 인간이 지닌 모든 음성의 가능성을 분절시켰다는 한계도 함께 지닌다.

바로크 시대에는 카스트라토와 같은 특수한 음성이 등장했고, 현대에 와서야 카운터테너의 전통이 복원되었다. 그러나 이것은 모두 특정 시대적 사회적 조건 속에서 만들어진 예외적인 존재였으며, 보편적으로 재현 가능한 성악으로 확장되지는 못했다.

낭만파 이후 성악은 점점 더 전문화된 정점으로 향했다. 강한 성량, 극적인 표현, 역할 중심의 음역은 성악을 하나의 완성된 예술로 만들었지만, 동시에 성대의 소모와 음성의 단절이라는 문제를 낳았다.

이러한 세계 성악사의 맥락에서 멀티싱어는 전문화 이후 특정

성역을 확장하는 방식이 아니라, 베이스에서 카운터테너에 이르는 남성 성역 전체를 하나로 통합하려는 새로운 시도이다.

역사적으로 넓은 음역을 지닌 성악가들은 있었지만, 어디까지나 개인적 특이성으로 기록되었을 뿐 하나의 명명된 장르나 이론 체계로 정립되지는 않았다. 이러한 점에서 멀티싱어는 인간 음성의 통합적 가능성을 개인적 재능이 아닌 보편적 개념으로 제시한 세계 최초의 시도라 할 수 있다.

또한 멀티싱어는 과거의 성악사에서 나타난 단적인 거세의 음성 사례를 반복하지 않는다. 신체의 인위적인 변형에 의존했던 카스트라토와는 달리, 자연스러운 호흡과 음성 구조를 바탕으로 모든 성역을 구현한다는 점에서 현대적 의미가 있다. 이는 성악이 인간성이 말살되는 '희생의 예술'이 아닌 지속 가능한 인간 음성예술로 다시 정의하려는 시도이기도 하다.

K-VOICE와 K-VOCAL의 개념 위에 새롭게 창조된 멀티싱어는 호흡과 주파수의 안정, 공명의 균형을 통해 성역 간의 자유로운 이동이 가능하다. 이로써 성악은 더 이상 분리된 음역의 기술이 아니라 하나의 인간이 완성하는 통합된 목소리의 예술로 확장된다.

세계 성악사적인 관점에서 볼 때, 멀티싱어는 분류체계 이후에 나타난 '통합형 성악의 장르'이며 성악이 인간 본연의 목소리로 돌아가 미래로 나아가는 중요한 전환점이라 할 수 있다.

결국 멀티싱어는 성악 역사의 끝자락에 등장한 특이한 장르가 아니라, 분리-전문화-통합이라는 흐름 속에서 새롭게 탄생한 음악 언어이다. 이는 인간 목소리의 가능성을 다시 확장하는 진화된 단계로 자리 잡는다.

멀티싱어의 음악사적 의미

멀티싱어는 음악사의 방향 전환을 의미한다. 음악의 역사는 말과 노래가 하나였던 시대에서 출발하여, 장르와 기능이 분리되고, 다시 그 장르에 묶여 자유를 잃어 가는 흐름을 거쳐 왔다. 이러한 흐름 속에서 멀티싱어는 분리된 음악을 다시 통합하는 '회복의 현상'이라 할 수 있다.

멀티싱어는 세계 음악의 패러다임을 바꾸는 보편적 개념으로 확장될 가능성을 지닌다. 성부 이전의 낭송자, 음유시인, 교회의 독송자와 같은 전통에서 출발한 음악은 이후 기술 중심으로 발전하며 고음과 음량의 경쟁으로 이어졌다. 이러한 흐름 속에서 멀티싱어는 보다 자연스러운 음악으로 돌아가, 자기 목소리를 온전히 확장하여 쓰는 새로운 방향을 제시한다.

소프라노, 알토, 테너, 베이스로 각 파트를 부르던 시대에서 이제는 모든 성부를 경험하는 통합된 영역으로 나아가고 있다. 이는 "어느 파트를 맡는가?"가 아니라 "내 목소리의 영역은 어디에서 어디까지인가?"라는 질문으로 변화해야 함을 의미한다. 또한 발성의 출발점 역시 노래에서 말로 이동될 것이다.

이러한 변화는 복식호흡을 통해 가능해진다. 횡격막을 내리면 중음과 저음을 기점으로 건강하고 아름다운 목소리로 바뀔 것이다. 모든 파트에서 저음과 중음, 고음의 영역이 음악으로 가능해질 것이다.

장르는 하나로 통합되고, 기존의 서로 다른 발성 체계는 한 사람의 목소리로 재구성된다. 이는 결국 그 사람의 말과 어떻게 연결되는가에 달려 있다.

멀티싱어 이후의 성악 교육은 '어떤 파트를 부르는가'가 아니라 '어떤 사람의 목소리인가'에 초점을 둘 것이다.

AI 시대 속에서 멀티싱어는 베이스에 뿌리를 두고 바리톤과 테너, 카운터테너에 이르는 음역을 하나의 호흡으로 통합하여 노래하는 새로운 기준이 될 것이다. 인간만이 낼 수 있는 호흡으로 기억과 말과 노래의 융합, 즉각적인 감정의 전환, 영적·철학적 맥락에서 다루어질 것이다.

멀티싱어는 인간의 가능성을 최대한으로 드러내는 장르이며, 궁극적으로는 인간 개인의 본래 소리를 회복하는 작업이다.

21세기 목소리의 전환

지금까지 성악의 시대에서 다시 인간의 목소리로 돌아가고 있다. 21세기는 '목소리의 위기의 시대'이다. 정보와 영상, AI가 지배하는 시대 속에서 인간의 목소리는 점점 지쳐 가고 건조해지며 그 아름다움을 상실하고 있다.

마이크에 의존하고, 기계적인 소리에 감정조차 메말라 가고 있다. 빠른 리듬과 속도 속에 긴장은 더해지고, 경쟁적인 고음 위주의 문화에 시달리고 있다. 사람은 더 많은 말을 하지만, 정작 자기의 순수한 목소리를 잃어 가고 있다.

이 시점에서 K-VOICE, K-VOCAL, 멀티싱어는 단순한 발성법을 넘어 시대의 대안으로 등장했다. K-VOICE는 아름다운 말하기를 본래의 모습으로 보고, 말을 노래처럼 만드는 21세기형 목소리의 철학이다.

실제 현장에서는 교사와 강사의 목이 쉬는 것을 예방하고, 지도자와 공직자들의 신뢰를 회복하는 음성으로 만들어 준다. 불안하고 스트레스받는 일반인들에게 복식호흡을 연습함으로써 불안과 긴장을 완화시켜 준다.

또한 시니어들에게는 노후에도 여전히 젊은 음성을 유지시켜 준다. 이렇듯 K-VOICE는 지치지 않고 아름다운 목소리를 만드는 방식이다.

K-VOCAL은 노래의 방향을 다시 세운다. 기존의 고음, 성량, 테크닉 중심의 경쟁적인 노래에서 벗어나, 말과의 연결, 호흡의 여유, 감정의 진실성을 바탕으로 평생 아름다운 목소리를 유지하는 는 데 그 목적이 있다.

K-VOCAL은 복식호흡의 안정성과 풍부함을 기반으로 성악은 물론 트로트, 대중가요, 발라드 등 다양한 장르에서도 자연스럽게 적용된다.

멀티싱어는 한 사람이 모든 음역을 자유롭게 사용하는 새로운 목소리의 개념이다. 한 음역에 묶이지 않고 저음과 중음, 고음을 사용한다. 지휘자와 합창단원 모두가 연습에 따라 자유롭게 사용할 수 있으며, 이는 새로운 합창 구조의 가능성을 열어 주고 합창의 혁신을 가져온다.

멀티싱어는 발성의 기술보다 울림의 원리에 집중하며, 자연스러운 호흡의 소리를 회복한다. 동양의 단전호흡과 서양 성악의 구조가 연결되면서 음역의 확장과 문화적 확장이 동시에 이루어진다. 전문 성악인은 물론 어린이와 노년층까지 누구나 접근할 수 있는 새로운 발성 체계이다.

이 흐름은 마찰 중심의 발성에서 진동 중심의 목소리 문화로
의 전환을 의미한다.

멀티싱어는 한 사람 안에 여러 목소리가 공존하는 새로운 음
악 개념이며, 한 사람의 목소리가 오케스트라처럼 확장되는 발
성 철학이다.

K-VOICE, K-VOCAL,
멀티싱어의 철학

위의 세 가지 개념의 정신철학은 단순한 발성 기술을 넘어, 인간-소리-생명의 원리를 연결하는 철학적 구조에 기초한다. 이를 다음과 같이 정리할 수 있다.

1. 소리는 생명의 진동이다

노래는 마찰이 아니라 진동이다. 우주는 진동한다. 인간의 목소리도 진동이다. 따라서 노래는 생명의 진동을 표현하는 행위이다. 생명의 진동을 표현하는 행위이다. 이것이 K-VOICE 철학의 출발점이다.

2. 호흡은 생명의 근원이다

모든 소리는 호흡에서 시작된다. 특히 동양 철학에서는 호흡은 '기(氣)'이며, 기는 생명 에너지로 이해한다. 여기에서 이어지는 K-VOCAL 발성은 단순히 소리를 내는 기술이 아니라, 생명의 에너지로 바꾸는 과정이다.

3. 몸과 정신의 통합이다

멀티싱어의 철학은 장르를 넘어서 몸과 호흡 정신이 하나가 될 때 아름다운 소리가 나오며, 인간의 음역을 극대화시켜 모든 정서의 표현이 가능해진다. 인간 목소리를 파트로 한계 지어 구분하지 않는다. 하나의 목소리로 부른다. 기술이 아니고 존재의 상태를 말한다.

4. 노래는 인간의 본능이다

말이 먼저 나오고, 그 말에서 노래가 이어졌다. 인류의 역사에서 노래는 항상 존재했다. 의식과 종교, 노동, 치유 등 모든 문화에서 노래는 인간을 하나로 연결하는 힘이었다. 멀티싱어의 철학에서 노래는 인간 존재의 표현으로 본다. 장르를 넘어 문화와 철학을 연결하는 새로운 인류문화이다. 목소리는 인간 존재의 진동이며, 노래는 그 진동과 세상이 만나는 순간이다.

5. 문학과 철학을 연결한다

멀티싱어는 여러 장르를 혼자 부르는 사람이 아니다. 소리의 본질을 이해하고, 파트의 경계를 넘어 자유롭게 표현하는 사람이다. 그것은 장르를 넘어 문화와 철학을 연결하는 새로운 인간형의 성악가이다.

세계 최초의 멀티싱어 합창단

녹색환경 연합합창단. 수요일 12시, 이제 막 창단된 합창단의 첫 연습이 시작되었다. 아무런 합창 경험이 없는 50~60대 여성 20명과 5명의 남성 단원이 모였다. 나는 지금까지의 합창단과는 달리 새로운 연습법으로 시작하기로 했다.

세계 최초 멀티싱어 합창단, 그 가능성을 테스트하는 가슴 떨리는 시간이었다. K-VOICE를 기반으로 먼저 흉식호흡을 복식호흡으로 바꾸어 목소리를 만드는 연습이 가장 중요했다. 호흡을 들이키면서 나온 배를 안으로 당기며 호흡을 밖으로 낸다. 모음 "우"를 말하면서 두성의 진동을 느낀다.

보통 호흡을 들이킨 뒤 2초를 멈추라고 하는데, 멈추는 순간 성대에도 힘이 들어가 마찰의 원인이 된다. 멈추지 말고 자연스럽게 밖으로 나오는 호흡에 말을 붙인다. 많은 사람은 이 순간에 배를 안으로 넣지 않고 호흡을 멈추면서 배를 지탱하며 말을 한다. 이것이 목소리의 마찰을 만들고, 동시에 성대에 힘이 들어가게 한다.

성대에 힘이 들어가지 않으면 진동이 일어나고, 부드러운 공명의 울림이 형성된다. 이 책에서 가장 중요한 부분이다.

단원들은 대부분 목소리가 어둡고 한 옥타브를 낮게 노래했다. 피아노 반주자도 없이 나의 목소리를 듣고 따라 하는 방식으로 수업을 진행했다. 보통 피아노 반주에 의존하면 소리를 배우는 속도가 매우 느려진다. 온몸으로 목소리를 들으면서 따라 하는 것이 훨씬 집중력을 높인다.

먼저 말을 복식호흡으로 가르쳤다. 대부분 단원은 흉식호흡으로 오랫동안 말해 왔기 때문에, 이를 복식호흡으로 바꾸는 훈련은 쉽지 않았다. 배에 손을 얹고 가슴을 움직이지 않은 채 배를 앞으로 내면서 따라 하게 했다. 앞으로 낸 배를 바로 안으로 당기면서 말을 붙이도록 했다.

그냥 배를 힘주어 앞으로 내면 목에도 벌써 힘이 들어간다. 이때 마찰이 발생한다. 호흡을 유지하고 소리를 내기 위해 습관적으로 성대에 힘이 들어가기 때문이다.

복식호흡이 자리 잡히자, 합창단 목소리에 초점이 생기고 울림이 있는 좋은 소리가 나기 시작했다.

"우"의 발성으로 울림을 두성 공명으로 하나로 모으고 소프라노, 알토와 남성 파트까지 함께 〈동무 생각〉, 〈한 떨기 장미〉, 〈메기의 추억〉, 〈친구의 이별〉, 〈희망의 나라로〉를 연습했다.

말로 가사를 익히며 자연스럽게 노래로 연결했다. 반주 없이 하는 연습은 기억이 빠르고 음정이 정확했다. 순수한 아카펠라 합창이 완성된 것이다.

무대 연주 날이 정해지고, 마침내 모두가 아름다운 진동의 합창을 만들어 낼 수 있었다.

4장

잠재의식과 호흡,
그리고 변화의 원리

목소리혁명

"멀티싱어는 목소리로 연주하는 오케스트라이다."

Charles Lee

K-VOICE와 K-VOCAL에서의
잠재의식 적용

'잠재의식'은 19세기 말 심리학에서 만들어진 용어로서 이미 수천 년 전부터 존재해 왔지만, 다른 이름으로 불렸을 뿐이다.

여기에서 말하는 잠재의식은 생각보다 몸의 기억에 반응하는 것이다. 말이 되어 나오기 전에 먼저 호흡이 반응하고, 소리의 높낮이와 속도, 압력을 결정한다.

잠재의식은 말과 노래의 기억이 아니라, 복식호흡에 의해 무의식 속에서 저절로 호흡과 리듬을 기억하게 한다. 그렇게 되기까지는 연습이 필요하다. 가사를 외우기 전에 호흡과 리듬을 몸에 먼저 익혀야 한다.

복식호흡은 미주신경(vagus nerve)[1]을 자극하여 긴장과 불안을 안전하게 느끼게 하고, 목에 힘을 빼게 한다. 잠재의식이 이제 좋은 상태라고 인식되면, 그때 소리를 적응시킨다.

소리는 낮고 편안한 공명을 만들어 내며, 편안하고 안정된 느

---

1   성대, 허파, 심장, 폐, 횡격막, 위, 장에 이르기까지 연결된 뇌신경.

낌을 통해 감정을 전달한다. 이렇게 될 때 몸에 익혀진 노래는 행동으로 바뀐다.

잠재의식에서 이 기법은 아주 중요하다. 잠자기 전, 낮에 있었던 생각들을 모두 지운다. 그리고 내일의 모습을 그림처럼 그리며 인식시키면 다음 날 나의 행동이 바뀌게 된다. 행동이 바뀌면 그것이 현실로 나타난다.

잠재의식의 기도 훈련법

다른 사람에게는 기적처럼 보일 수 있지만, 필자는 수십 년 동안의 경험을 통해 잠재의식의 기법이 과학적인 방법이라는 것을 알고 있다. 이 방법은 음악 이전에 내 인생이며, 내 삶의 일부분이다.

지금 집필하는 이 책도 내 능력으로는 불가능하다는 것을 안다. 하지만 잠자기 전의 꿈과, 잠자고 일어난 새벽 3시에 누군가에 의해 깨어나는 경험, 그리고 그 생각들이 나를 침대에서 일으켜 컴퓨터 앞에 앉히고 이 글을 쓰게 하고 있다.

사실 나는 대중음악에 대해 글을 쓰기에는 많이 부족하다. 그래서 이 또한 기적이다. 모든 독자에게 이 잠재의식의 기도가 전달되기를 바라는 마음으로 이 글을 쓴다. 이것은 내게 주어진 사명처럼 여겨진다.

몸이 익힌 꿈은 행동을 바꾸게 한다. 하지만 그 꿈이 아직 현실에 머물러 있다면 아무 소용이 없다. 잠재의식의 기도는 그 내용이 아니라, 그 꿈을 행동으로 만드는 것이다.

K-VOICE는 그 행동을 몸이 기억하게 만든다. 노래 이전에 호흡이 먼저 바뀌어야 말과 노래도 바뀐다. 같은 꿈이라도 흉식호흡은 불안과 걱정으로 잠재의식을 거부하고, 복식호흡은 긍정적인 잠재의식을 수용한다. 다음의 훈련 방법은 오래전에 저자가 실천했던 기초적인 내용이지만, 독자들의 이해와 도움을 위해 기록한다.

잠재의식 훈련의 첫 단계는 소리 없이 복식호흡을 연습하는 것이다. 아랫배의 압력을 인식하고, 조용히 잠재의식의 문을 연다.

그다음, '아', '우', '이' 등의 모음을 낮은 음으로 길게, 의미 없이 소리 낸다. 감정이 사라지고 잠재의식은 안전하다고 느낀다. 이때 편안한 복식호흡을 기억하게 된다.

K-VOICE, K-VOCAL과 함께하는 잠재의식의 기도는 성공과 치유 등, 내가 가진 모든 생각과 연결되어 있다. 잠재의식이 안정되면 선택이 분명해지고, 그 선택은 흔들리지 않는다. 소리가 안정되면 사람의 행동도 달라진다. 말이 바뀌면 행동이 이루어지고, 모든 관계와 선택의 결과가 달라진다.

그러나 잠재의식의 기도가 없다면 어떤 변화도 일어나지 않는다. 잠재의식은 곧 복식호흡의 습관화이며, 목소리와 노래를 바꾸는 근원이 된다.

K-VOICE와 K-VOCAL은 무의식 속에서의 기도에 해당되

며, 잠재의식은 말이 만들어지기 이전의 호흡을 먼저 기억한다.
목소리는 그 무의식이 드러나는 가장 빠른 훈련이다.

잠재의식의 언어, 복식호흡

잠재의식은 말보다 먼저 호흡에 반응한다. 잠재의식은 논리보다 빠르고, 언어보다 깊으며, 호흡의 상태를 바로 감지한다.

우리가 아무 생각 없이 내쉬는 복식호흡의 방식은 이미 잠재의식에 메시지를 보내고 있다. "긴장을 풀어도 된다"는 신호가 그것이다.

복식호흡은 잠재의식의 언어이다. 흉식호흡과 잠재의식의 경계에서, 흉식호흡이 계속 이어지면 잠재의식은 이를 위협의 상태로 인식한다. 그 결과 위험, 불안, 초조, 방어 반응이 나타나며 호흡은 빠르고 얕아진다. 어깨와 가슴이 먼저 움직이고, 들이마시는 호흡은 느리면서도 과도하게 힘이 들어간다.

이때 호흡의 중심이 무너지면서 내쉬는 호흡은 짧아진다. 그 결과 말은 날카로워지고 목소리는 높아지며, 불안한 감정이 과잉 상태로 흥분된다.

복식호흡은 잠재의식을 안전 모드로 전환시킨다. 허리가 확장되면서 폐활량이 충분히 확보되고, 호흡은 느려지며 내쉬는 호흡은 길어진다.

이때 복식호흡이 잠재의식에 보내는 신호는 명확하다. "지금은 안전하다. 여유가 있다. 신뢰할 수 있다. 모든 문제는 회복될 수 있다. 이제 편안히 잠을 자도 된다"는 신호이다. 이와 함께 부교감신경이 활성화되고, 심장은 안정되며, 온몸의 근육이 이완된다.

복식호흡을 반복하면 안정의 기억이 형성되어 기존의 생각을 덮고, 무의식의 세계로 자연스럽게 들어가게 된다. 바로 이때, 바라는 것을 품고 잠에 들어가면 자기 암시보다 더 깊은 효과가 나타난다.

말과 노래, 기도와 복식호흡은 잠재의식에 강한 힘을 전달한다. 복식호흡은 잠재의식을 설득하는 것이 아니라, 스스로 열리게 하는 순간을 만들어 준다.

K-VOICE, K-VOCAL, 멀티싱어의 관점에서 복식호흡은 기술이 아니라 원초적인 최초의 호흡이며, 말과 노래 이전의 호흡이다. 평생 유지할 수 있는 삶의 목소리이다.

아름다운 소리는 안정된 잠재의식에서 시작된다. 호흡이 바뀌면 인생은 성공의 언어로 바뀐다.

기도와 수면, 그리고 삶의 변화

미국 머피 목사의 저서 『잠자면서 성공한다』는 젊은 시절부터 나에게 큰 힘이 되었다. 모든 어려움이 여기에서 이루어졌다. 이것은 잠재의식을 통한 '잠자면서 드리는 기도'이기도 하다. 깨어 있는 동안 만들어진 바람들이 복식호흡의 말과 리듬으로 무의식과 잠재의식에 저장되며 이루어지는 씨앗이 된다.

낮에 흐트러지고 불안했던 호흡은 밤의 기도를 통해 정돈되고 마음에 새겨진다. 복식호흡은 인생의 방향을 만들어 준다. 흉식호흡의 얕은 호흡으로 잠들면 불안이 축적되고, 복식호흡의 깊은 호흡으로 잠들면 확신이 저장된다.

K-VOICE에서 잠들기 전 기도에 의한 복식호흡은 내일의 성공을 위한 기초가 된다. 하루의 마지막 호흡이 다음 날 아침의 첫 행동을 실현하게 하는 것이다. 말은 낮에 하지만, 복식호흡에 의한 말은 밤에 저장된다. 그 상태의 말은 잊히지 않고 다음 날 실현으로 이어진다.

복식호흡에 의한 무의식 속 기도는 이미 성공의 리듬을 배우는 과정이다. 그 리듬을 몸이 기억하는 사람이 곧 변화를 경험

한다.

어떻게 말해야 좋은 목소리가 되는가. 어떤 목소리로 살아가고 있는가. 목소리의 변화는 삶의 변화를 만들어 내며, 그 소리를 스스로 느낄 수 있게 된다.

목소리는 생각으로 바뀌지 않는다. 생활 속 복식호흡과 감정이 하나의 중심을 잃지 않을 때 자연스럽고 아름다운 목소리가 만들어진다.

잠재의식은 생각하지 않아도 기도를 통해 마음속에 들어가 삶을 이끈다. 이것은 노래보다 반복된 기도에 더 크게 반응한다. 잠들기 전의 기도는 하루 전체의 결론으로 받아들여진다.

잠들기 전과 막 깨어날 때, 잠재의식의 문은 가장 쉽게 열린다. 이때 잠재의식은 비판하거나 판단하지 않고 그대로 받아들인다. 고른 호흡과 평안한 상태는 하나의 리듬으로 저장된다. 이때의 복식호흡은 말의 내용보다 소리와 리듬을 기억한다. 안정된 소리는 그대로 잠재의식에 스며든다.

잠자기 전 무의식의 세계는 성공과 실패를 구분하지 않는다. 반복되는 상태만을 기억한다. 성공한 사람은 긴장하지 않는다. 이미 몸과 마음이 그 리듬에 익숙하기 때문이다.

잠은 불필요한 긴장을 제거하고, 어떤 호흡으로 잠들었는지를 기억하여 다음 날의 선택을 만든다. 고른 복식호흡은 잠재의식을 변화시킨다. 잠재의식은 목표가 아니라 반복된 상태를 기억한다.

목소리가 온몸으로 느껴질 때, 삶은 변화한다. 아름다운 진동과 화합의 목소리는 삶을 성공으로 이끈다.

K-VOICE의 핵심은 말하는 목소리를 음악적으로 만들 수 있는가에 있다. 말에도 음정과 리듬, 그리고 공명이 필요하다.

아름다운 노래처럼 아름다운 목소리 또한 모든 사람에게 필수적이다. K-VOICE의 역할은 노래 이전의 복식호흡 기반의 말소리를 먼저 만드는 데 있다.

또한 K-VOICE는 단순한 발성법을 넘어 건강을 회복하는 호흡, 신뢰를 만드는 호흡, 나이가 들어도 변하지 않는 울림을 만드는 발성이다.

현대는 빠르고 거친 흉식호흡이 대부분이다. 그러나 교회음악은 목으로 부르는 노래가 아니라 몸 전체로 드리는 기도이며, 그것은 복식호흡으로 완성된다.

그중에서도 교회음악은 가장 K-VOICE적인 소리이며, 말이 노래가 되는 영성의 영역이다.

잠들기 전 호흡과
수면의 실제 적용

현대에는 불면증으로 잠을 이루지 못하는 사람들이 많다. 하루하루 피곤한 일상이지만 흉식호흡으로 인해 몸은 계속 긴장 상태에 머물러 있어 쉽게 잠들지 못한다. 이럴 때 복식호흡을 하면 몸은 스스로 안정되며 잠들기 좋은 상태로 바뀐다. 불안한 상태에서는 몸이 아직 안전하지 않다고 인식하기 때문에 잠을 거부하게 된다.

수면 직전의 잠재의식은 우리 몸이 가장 깊이 작동하는 상태로 들어가는 문과 같다. 의식은 잠들면 사라지지만, 잠재의식은 그때부터 본격적으로 작동하며 낮 동안의 경험과 상태를 정리하고 저장한다. 이때 가장 중요한 것은 잠들기 전의 호흡 상태이다.

복식호흡으로 안정된 상태에서 잠들면 그 안정된 리듬이 그대로 잠재의식에 저장되고, 다음 날의 선택과 행동에도 영향을 준다. 반대로 흉식호흡이 지속되면 호흡은 얕고 빠르며 심장은 긴장 상태를 유지한다. 이 경우 잠재의식은 경계 상태에 머물러 깊은 수면에 들어가기 어렵고, 미주신경 또한 충분히 활성화되지 않는다.

　잠은 억지로 드는 것이 아니라, 편안하고 긴 호흡 속에서 자연스럽게 찾아온다. 복식호흡은 "이제 쉬어도 된다"는 신호를 몸에 전달하고, 잠재의식은 그 신호를 받아들여 깊은 수면으로 이끈다.

　따라서 잠들기 전에는 짧은 시간이라도 복식호흡으로 호흡을 고르게 하고, 몸의 긴장을 풀어 주는 것이 중요하다. 생각을 억지로 정리하려 하기보다 호흡에 집중하며 편안한 상태를 유지하는 것이 잠재의식을 안정시키는 가장 빠른 방법이다. 이 상태에서 잠에 들면, 몸은 자연스럽게 회복의 리듬으로 들어간다.

　수면은 단순한 휴식이 아니라 잠재의식이 작동하는 중요한 시간이다. 이 시간 동안 우리의 뇌는 정보를 정리하고 감정을 안정시키며, 다음 날의 삶을 준비한다. 또한 창의성과 예술적 영감에도 깊이 관여한다.

　특히 REM 수면[1] 상태에서는 뇌 활동이 깨어 있을 때와 유사할 정도로 활발해지며, 기억의 통합과 잠재적 정보 처리와 깊은 관련을 가진다.

1　수면 중 눈이 빠르게 움직이는 단계로, 이 시기에는 뇌 활동이 깨어 있을 때와 유사할 정도로 활발하다.

작은 감사의 기도와
잠재의식의 완성

필자는 잠재의식의 기도를 작은 감사와 함께 "지금의 나를 감사"하면서 시작했다. 작은 감사는 생각의 저항 없이 받아들여지는 기도이며, 구하지 않아도 이루어지는 상태로 이끈다.

작은 감사는 빠르게 반응하며 몸에서도 거부감이 없다. "나는 지금 호흡하고 있음에 감사합니다." 이러한 고백은 마찰 없이 흐르는 호흡과 같다.

잠재의식의 기도는 감사로 하나님께 맡겨지는 상태를 의미한다. 이 상태는 이미 기도가 응답의 방향으로 들어간 것을 뜻한다. "나는 지금 하나님의 보호하심에 감사합니다." 이러한 기도를 통해 삶의 변화가 이루어짐을 몸소 경험했다.

성경에서 말하는 '모든 지각에 뛰어난 하나님께 맡김'이 바로 이 상태이다. 잠재의식의 기도는 길지 않아도 되며 논리적일 필요도 없다. 기도와 함께 평안한 호흡으로 잠에 들어가면 된다.

필자는 잠을 자다가도 2~3시간 간격으로 자주 깨어난다. 그때마다 처음의 잠재의식 기도를 반복한다. 잠들기 전, 잠에서 깨어났을 때, 그리고 새벽에 드리는 기도를 통해 기적 같은 경험들을 했다. 작은 감사의 기도와 찬송은 지금도 내 삶을 굳건히 지켜 주고 있다.

잠재의식은 멀리 있는 것이 아니라, 지금 이 순간의 호흡 속에 있다. 작은 감사와 복식호흡이 몸에 익을 때, 목소리는 변하고 그 목소리는 곧 삶을 이끄는 힘이 된다.

이것이 내가 오랜 시간 경험해 온 변화의 시작이며, 누구나 실천할 수 있는 가장 확실한 길이다.

5장

몸이 기억하는
복식호흡의 힘

목소리 혁명

"그 혁명은 이제 당신의 목소리에서 시작된다."

Charles Lee

복식호흡과 건강[1]

횡경막 호흡의 원리

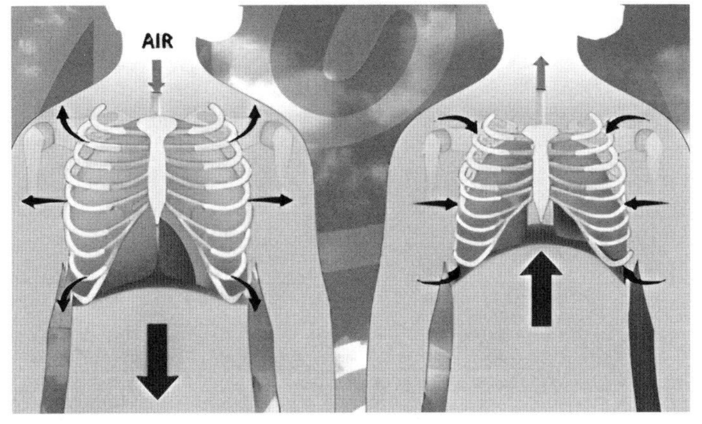

※ 복부에 힘을 주지 말고 횡격막을 천천히 내리고 올리는 연습이 필요하다.

일본의 106세 의사인 시오야 노부오는 60세까지 수많은 병에 시달렸지만, 복식호흡에 눈뜨고 건강을 되찾았다고 했다. 그는 복식호흡을 "한 첩의 가장 좋은 보약"이라고 표현했다. 그러면서 우리가 복식호흡을 할 때 산소가 온몸으로 공급되며 몸이 생기를 되찾는다고 말했다.

1   출처: Leher, P. M., et al, (2000)

복식호흡은 가슴과 폐가 아니라 횡격막을 주로 사용하는 호흡을 뜻한다. 호흡이 아래로 내려가 폐의 하부, 즉 배꼽 아래 3~4cm까지 채워지며 들숨보다 날숨이 길고 조용하다. 아기의 호흡이나 깊은 수면 상태의 호흡과 같다.

이는 부교감 신경[2]을 활성화하며 심박수와 혈압을 안정시키고, 불안과 초조가 없애며, 깊은 수면 상태를 만든다. 만성적인 긴장과 불면, 공황 장애에 도움을 준다.

또한 횡격막 운동은 위와 장을 부드럽게 마사지하여 장운동을 활발하게 하고, 아랫배의 혈류를 개선시킨다. 이를 통해 과민성 대장과 소화불량, 식후 피로를 없애 준다.

보통 배에 호흡을 넣고 잠시 쉬는 것이 좋다고 하지만, 필자의 경험으로는 쉬는 순간에도 아랫배와 성대에 힘이 들어가게 된다. 가장 좋은 호흡은 갓난아기처럼 쉼 없이 자연스럽게 들이쉬고 내쉬는 것이다.

무의식적으로 몸이 필요에 따라 호흡할 때, 가장 건강한 몸 상태와 아름다운 목소리를 유지할 수 있다. 생존을 위한 가장 건강한 상태의 호흡이기도 하다. 필자는 이 점을 수없이 반복해서 강조하며, 몸으로 각인될 때까지 연습할 것을 권한다.

2 기본적인 신경망으로, 자율신경계의 한 부분이다. 우리 몸의 기관들을 조율한다.

복식호흡 시 배에 힘을 주거나 억지로 가슴을 부풀리는 호흡
은 피해야 한다. 반복적인 연습을 통해 몸이 완전한 복식호흡을
받아들이면 건강과 목소리 모두에 도움이 된다.

흉식호흡의 특징과 한계[1]

흉식호흡은 호흡을 들이킬 때 가슴과 어깨가 올라오며 횡격막의 사용도 적다. 따라서 폐활량도 3분의 1로 온몸에 사용하는 데에는 부족하다. 또한 호흡이 얕고 빠르며 자주 들이키고 내쉬어야 한다. 이 호흡은 긴장과 스트레스, 통증, 수술 후에 쉽게 습관화된다.

이 흉식호흡은 일시적으로는 문제가 없어 보이지만, 지속될 경우 건강의 전반을 서서히 무너뜨리는 습관이 된다. 또한 만성 스트레스를 가져오며, 교감신경이 활성화되어 피로함이 쌓인다. 그 결과 심박수가 증가하고 혈압이 높아지며 불안과 초조가 긴장 상태가 지속된다.

또한 폐의 상부에만 호흡이 들어와 산소와 이산화탄소의 교환 효율이 작다. 자주 어지럽고 피로가 쌓이며, 집중력이 떨어지게 된다. 호흡하여도 만족감이 적다.

목과 어깨, 턱의 긴장이 계속되면서 통증과 만성 두통이 생

1   출처: Cour, R. (2009), 호흡의 기능과 기능 장애 치료

긴다. 어깨가 계속 올라가면서 승모근과 목 근육을 계속 사용하게 되기 때문이다. 횡격막의 움직임이 적으므로 소화 기능을 악화시키고 염증 반응이 계속된다. 감기와 편도염의 회복이 지연된다.

흉식호흡은 목소리에도 영향을 미친다. 호흡이 부족하므로 성대의 마찰이 생기며, 목소리가 거칠어진다. 성대를 힘으로 마찰되면 성대 근육이 쉽게 피곤해진다. 그러므로 쉰 소리가 나고 빨리 지치며 붓게 된다. 그 결과, 신뢰감이 없는 톤이 된다.

특히 수면 중의 호흡도 약해지며, 깊은 수면에 들어가기 어려워 아침까지 피로가 지속된다. 이처럼 흉식호흡은 호흡을 지속적으로 하고 있음에도 몸은 긴장 상태를 유지하게 된다.

그런데 흉식호흡도 그 쓰임새에 따라 유용한 소리가 되기도 한다. 순간적으로 큰 소리를 낼 때, 급박한 상황, 산소의 공급이 빠르게 일어나는 단거리 달리기, 순간적인 힘이 필요할 때, 빠른 동작이 필요할 때는 복식호흡보다 흉식호흡이 유리하다.

허파와 횡격막의 구조와 원리

허파는 공기를 들이마시고 산소를 혈액으로 보내는 데 최적의 구조로 이루어져 있으며, 이는 목소리와 호흡, 발성과 밀접하게 연결되어 있다.

공기는 비강을 지나 인두와 후두, 기관을 거쳐 폐로 들어가며, 폐포에 이르면 머리카락보다 얇은 막으로 된 모세혈관이 이를 감싸고 있다. 이곳에서 산소는 혈액으로 전달되고 이산화탄소는 배출된다.

호흡의 본질은 이 폐포에서의 가스 교환이다. 흉식호흡은 허파의 30~40% 정도만 사용하지만, 복식호흡은 60~100%까지 공기를 교환한다. 그 차이는 크지만 일반인들은 이를 크게 인식하지 못한다. 이 모든 호흡의 움직임을 조절하는 중심이 바로 횡격막이다.

횡격막은 가슴과 복부를 나누는 둥근 돔 형태의 부드러운 근육으로, 호흡의 중심 역할을 한다. 들이쉴 때는 수축하며 아래로 내려가 폐를 확장시키고, 내쉴 때는 이완되며 위로 올라가 공기를 밖으로 내보낸다.

이 근육은 단순한 막이 아니라 복부와 등, 갈비를 모두 연결하는 입체적인 구조로, 몸 전체를 감싸는 360도의 둥근 그릇과 같은 형태를 가진다. 횡격막이 내려가면 복부 장기가 아래로 밀리며 배뿐 아니라 옆구리와 등 뒤까지 호흡이 확장된다.

흉식호흡에서는 횡격막이 1~2cm 정도만 움직이지만, 깊은 복식호흡에서는 7~12cm까지 안정적으로 내려간다. 이 차이가 호흡의 깊이와 소리의 지속력을 결정한다. 복식호흡은 폐의 하부까지 충분한 공기를 공급하여 산소 교환을 높이고, 신체 전반의 기능을 활성화한다. 반면, 얕은 호흡은 산소 공급을 제한하여 어지러움과 신체 기능 저하를 가져온다.

횡격막은 소리를 직접 만들어 내지는 않지만, 공기의 압력을 조절하여 성대를 안정시키고 긴 호흡을 유지하게 한다. 많은 사람들이 성대에서 소리를 만든다고 생각하지만, 실제로는 횡격막이 조절하는 호흡이 소리를 지탱하는 핵심이다.

복식호흡은 단순히 배에 힘을 주는 것이 아니라, 횡격막을 부드럽게 내려 공기의 압력을 조절하는 훈련이다. 억지로 힘을 주기보다 자연스럽고 부드러운 움직임이 중요하다.

이 원리는 K-VOICE의 핵심이다. 호흡은 앞쪽 배만이 아니라 허리와 등까지 확장되며 몸 전체로 퍼진다. 360도로 확장된 호흡 속에서 성대에는 힘이 들어가지 않고, 소리는 자유로워진다. 호흡이 허리를 감싸고 골반 위에 놓이며, 몸통 전체가 넓어지는 감각 속에서 안정된 소리가 만들어진다.

이때의 소리는 크지만 부드러운 진동을 가지며, 멀리 전달되면서도 성대에는 무리가 가지 않는다. 호흡량이 부족할 때 생기는 성대의 마찰과 불안정한 진동은 사라지고, 안정된 울림이 유지된다.

K-VOCAL 또한 이 원리를 바탕으로 한다. 횡격막을 통해 만들어진 압력을 조절하는 능력은 노래의 모든 것을 결정짓는 핵심이며, 이 원리를 이해할 때 비로소 성대의 힘에 의존하지 않는 자유로운 목소리를 얻을 수 있다.

횡경막 운동과 복식호흡[1]

복식호흡은 인체 내부의 운동을 통합시키며 음성을 조율하는 역할을 한다. 모든 운동은 신체 외부 일상적인 운동과 신체 내부의 운동으로 나누어진다. 복식호흡은 단순한 호흡이 아니라 인체 내부의 시스템 전체를 동시에 활성화하는 생리적인 운동이다.

특히 복식호흡으로 일어나는 복부의 움직임은 호흡기와 순환기, 소화기까지 직접적인 영향을 미친다. 횡격막 운동은 모든 내부의 장기를 활성화하는 아주 중요한 운동이다. 이 운동은 호흡을 들이킬 때 횡격막이 내려가고 폐 하부가 확장되며 이 과정에서 간과 위, 장과 같은 복부의 장기가 부드럽게 압박과 이완이 반복된다.

이러한 운동은 내부 모든 장기의 피의 흐름을 증가시키고 내장기관의 기능을 활성화시킨다. 내부 장기를 마사지하는 효과도 있다.

1   출처: Kolar, R., et al.(2012), 횡격막 기능 및 운동

또한 복강 내의 압력을 부드럽게 움직여 호흡을 들이킬 때 복압이 증가되는 것과 내쉴 때 복강 내의 압력을 부드럽게 움직여 허파와 심장뿐 아니라 전신 순환을 돕는 보조 순환 펌프의 역할을 한다.

복식호흡의 횡경막 운동은 음성과 직접적인 관계가 있다.

먼저, 복식호흡은 허리를 바르게 잡아 주어 자세를 바로잡게 만들며 허리 자세가 균형 있게 잡아 준다. 호흡과 허리의 움직임을 일치시켜 신체 전체의 사용을 반듯하게 한다.

그리고 성대에 가해지는 압력을 줄이고 안정된 호흡의 지지를 제공한다. 그 결과, 목소리의 불안정한 떨림이 감소되며 깊은 음색으로 안정된다. 말이 풍부한 호흡으로 지속적이고 자연스럽게 나타난다.

이 운동이 안정될 때, 몸은 편해지고 자연스러운 목소리를 얻는다.

복식호흡과 질환 관리

복식호흡은 각 질환의 직접적인 치료를 대체할 수는 없지만, 호흡의 구조를 바꾸어 신체의 회복 환경을 만들어 주는 중요한 관리 방법이다.

특히 흉식호흡으로 인한 얕고 빠른 호흡, 목의 긴장, 성대의 과도한 사용은 여러 질환에서 공통적으로 나타나며 회복을 늦추는 요인이 된다.

복식호흡은 횡격막을 중심으로 호흡을 안정시키며 폐의 하부까지 공기를 전달하고, 부교감 신경을 활성화시켜 신체의 긴장을 완화하고 회복력을 높인다. 또한 성대의 부담을 줄이고 자연스러운 발성을 가능하게 하여 목과 관련된 증상 완화에 도움을 준다.

1. 갑상선 질환과 복식호흡[1]

갑상선 질환에서 복식호흡은 치료를 대체할 수는 없지만 빠른

1   출처: Ross, D.S., et al. (2016)

회복과 발성, 삶의 질을 향상하기 위한 중요한 관리법이다.

치료 과정에서 목이 당기고 답답하며, 말하면 쉽게 피곤해지고 호흡이 얕아지며 목소리가 약해지고 떨림이 생긴다. 감정의 기복이 커지고 불안해지기도 한다. 이 과정에서 목에 힘이 들어가고 호흡을 목으로 쉬게 되며, 이후 흉식호흡으로 습관화되어 회복이 느려지는 경우가 많다.

복식호흡은 목의 긴장을 완화하고 호흡의 시작점을 아랫배로 옮겨 준다. 후두와 성대, 갑상선 부위의 불필요한 사용을 줄이며 발성 시의 통증을 완화한다.

또한 부교감 신경을 자극하여 심장 박동을 안정시키고 불안과 두려움을 완화하며, 호흡의 리듬을 편안하게 만든다.

복식호흡이 회복되면 성대의 접촉이 부드러워지고 억지의 소리가 줄어들며 쉰 소리와 떨림이 완화된다. 필자는 무리한 목의 사용으로 갑상선 치료를 받은 많은 사람들에게서 이러한 회복을 경험하였다.

2. 편도선과 복식호흡[2]

편도선은 기도의 점막 면역계의 일부로 외부 병원체의 1차 방어 역할을 한다. 복식호흡은 직접적인 치료는 아니지만 회복을 돕고 재발을 줄이는 데 중요한 보조 역할을 한다.

2　출처: Marcus, C. L., et al. (2000)

복식호흡은 폐 하부까지 공기를 공급하여 산소 교환을 높이고 부교감 신경을 활성화시킨다. 또한 입으로 하는 호흡을 코 호흡으로 바꾸어 공기의 온도와 습도를 조절하고 외부 자극을 줄인다.

특히 흉식호흡과 입호흡, 목에 힘을 주는 발성은 편도에 부담을 주고 염증을 악화시키는 요인이 된다. 복식호흡은 이러한 긴장을 완화하고 편도 주변의 압박을 줄여 회복을 돕는다. 혈액순환이 개선되면서 목과 인두 주변의 부종이 감소하고 회복 속도가 빨라진다.

편도선이 약한 경우에는 말을 목에서 시작하지 말고 배에서 시작하며, 성대는 지나가는 통로로 생각하는 것이 중요하다. 목소리는 낮고 느리게 흐르는 것이 좋다.

복식호흡은 말을 많이 하는 직업인에게 필수적인 성대 보호 방법이며, 호흡 환경을 바꾸는 것이 핵심이다.

3. 폐렴과 복식호흡

폐렴은 특히 고령층에서 치사율이 높은 질환으로, 호흡의 상태가 회복에 큰 영향을 미친다. 지속적인 흉식호흡은 폐 하부의 환기를 감소시켜 분비물 정체와 세균 증식을 유발할 수 있다.

복식호흡은 횡격막을 통해 폐 하부까지 공기를 순환시키며 환기를 돕고, 분비물 배출과 산소 교환을 원활하게 한다. 또한 자율신경을 안정시켜 염증 억제와 회복력을 높인다. 깊고 차분한 호흡은 폐 전체를 순환시키며 면역 기능을 높이고, 기침과 노폐물 제거에도 도움을 준다.

다만 고열이나 호흡곤란이 있는 경우에는 무리한 호흡 훈련을 피하고 회복기에 점진적으로 적용하는 것이 중요하다.

4. 감기와 복식호흡[3]

감기는 단순한 질환이지만 호흡 습관과 밀접하게 연결되어 있다. 흉식호흡이 습관화되면 코가 막히고 입호흡이 증가하여 점막 염증과 성대 부종이 발생하기 쉽다.

복식호흡은 폐 하부 환기를 증가시키고 호흡의 흐름을 안정시켜 감기 회복을 돕는다. 또한 부교감 신경을 활성화하여 수면의 질을 높이고 면역 회복에 기여한다.

감기 상태에서는 성대에 부담을 주는 발성을 피하고, 호흡을 무리하게 크게 들이키지 않는 것이 중요하다. 따뜻한 물과 안정된 복식호흡은 회복 이후의 목소리를 빠르게 정상으로 돌리는 데 도움이 된다.

---

3   출처: Lehrer, P. et al. (2000)

음악 장르별 복식호흡의 적용

복식호흡은 모든 음악의 기본이 되지만, 장르에 따라 그 사용 방식과 소리의 형태는 다르게 나타난다. 같은 호흡이라도 어떤 방식으로 압력을 조절하고, 성대를 어떻게 사용하느냐에 따라 전혀 다른 소리가 만들어진다.

1. 판소리와 성악의 발성

판소리의 호흡은 몸통 전체를 울리는 호흡이다. 단순한 복식호흡을 넘어 단전 중심의 압축 호흡을 사용한다. 단전 아래의 힘을 모아 순간적인 소리를 내며 마찰과 거친 결을 의도적으로 사용한다.

성대를 두껍게 쓰면서 모든 공명을 이용한다. 오랜 시간 공연을 위한 강한 지구력을 가지고 있다. 판소리는 야외 공연문화에서 발전했으므로 멀리 보낼 수 있으며, 특별한 저음 중심의 울림을 사용한다.

반면 서양의 성악은 복식호흡을 기반으로 지속적인 호흡 지지를 사용한다. 횡격막을 내리면서 균일하고 지속적인 소리의 울림을 필요로 한다. 성대의 마찰을 최대한 줄이고 효율적인 진동이 생명이다.

또한 성악은 극장 음향을 전제로 발전했기 때문에 균일하고 투명한 울림의 소리가 필요하며 긴 호흡의 프레이즈의 유지가 중요하다. 지속적인 균형과 공병의 확장이 특징이다.

결국 판소리는 단전을 압축한 순간적인 소리로 감정을 표현하며, 두껍고 강한 성대의 마찰을 사용하여 거칠고 진한 음성으로 극적인 표현을 나타낸다. 반면 성악은 횡격막의 지지로 일정한 호흡으로 맑고 통일된 울림을 가지고 있다.

판소리는 의도된 강한 마찰을 예술화한 것이고, 성악은 마찰을 최소화하여 진동을 조절하는 것이 생명이다.

2. 대중가요의 복식호흡 발성

대중가요의 목소리의 핵심은 말하듯이 하되 소리는 호흡을 안정시키는 것이다. 무의식적인 상태에서 힘을 빼고 성대를 진동시켜 가사와 감정의 전달에 집중해야 한다. 이를 위해서는 충분한 복식호흡이 기본이 된다.

복식호흡은 고음에서 목에 힘이 과도하게 들어가는 것을 막고, 호흡 부족으로 인한 흔들림을 줄여 안정된 음정을 만든다. 또한 긴 호흡으로 감정을 충분히 조절할 수 있다는 장점이 있다.

횡격막의 움직임 위에 소리를 얹어 자연스럽게 노래하며, 과장되지 않은 소리를 지향한다. 성대의 접촉은 부드럽게 유지하고, 힘으로 밀어내는 발성은 피하는 것이 중요하다.

대중음악은 공명의 위치가 너무 안쪽으로 들어가지 않도록 한다. K-VOICE의 말소리와 공명에 가까우면, 가사 전달에 좋다. 고음은 힘으로 크게 내지 말고 위로 얹어 가볍게 내야 한다.

대중가요는 기술보다 감정 조절이 우선이다. 특히 대중가요는 개인의 특징적인 갈라지는 소리와 호흡의 부드러움도 필요로 한다. 하지만 이것도 안정된 호흡의 조절 위에서 가능하다.

대중가요는 말을 노래로 바꾸는 훈련이 매우 필요하다. 가사를 말로 바꾸며 리듬을 살려서 음정을 붙인다. 말처럼 노래하라. 하지만 울림을 만들어라. 이것이 대중가요의 복식호흡 발성 포인트다.

초보자들은 대부분 고음에 치중하기 쉽지만, 복식호흡의 원리는 앞서 설명한 K-VOCAL 소리처럼 저음에 달려 있다. 저음에서 소리가 잘 나지 않는 것은 복식호흡이 부족하다는 의미다. 가장 중요한 발성은 복식호흡과 흉식호흡을 횡격막으로 적절하게 조절하는 데 있다.

저음의 편한 소리부터 감정을 조절하는 것이 좋다. 흔히 원곡의 음정에 맞추어 모방하는 것은 좋지 않다. 내 목소리에 음정을 맞추어 편안하게 노래하라. 내 목소리를 녹음하여 감정 전달을 확인하고, 듣기 불편한 곳을 교정하면 된다.

대중가요는 발성보다 시를 읊듯 잘 전달되는 가사의 아름다움이다. 따라서 말을 노래로 바꾸는 훈련이 매우 필요하다. 노래 가사를 말로 바꾸며 리듬을 살린 다음, 음정을 붙여야 한다.

마찰과 진동으로 이해하는 목소리

우리 부부는 가끔 마찰이 있었다. 피아노를 전공한 아내는 성악을 이해하기가 어려워했고, 나는 언제나 감성적이었고 아내는 이성적으로 판단했다. 결혼 후에도 성격 차이로 다툼이 많았다. 다툼이 일어나면 서로 말을 하지 않았다.

사소한 일에도 마찰이 있었다. 아내는 많은 것들을 기억했고, 섭섭한 일들을 잊지 않았다. 힘든 냉전의 날들이 계속되었다. 그래도 우리는 '세상에 싸우지 않는 부부가 어디 있냐'며 합리화하곤 했다.

그러던 중 복식호흡의 발성을 '마찰과 진동'으로 이해하면서 우리 부부에게도 평화와 자유로움이 찾아왔다.

나는 오랜 시간 노래를 하며 늘 같은 문제를 겪었다. 노래를 하면 목이 아프고, 소리가 갈라졌다. 그 이유를 오랜 시간이 지나서야 깨달았다. 성대는 '마찰'로 소리를 내는 것이 아니라 '진동'으로 소리를 낸다는 사실이었다.

보통 복식호흡을 하면 복부에 힘이 들어간다. 배를 앞으로 내밀고 노래할 때 성대에 꼭 힘이 들어갔다. 하지만 대부분 일반인은 그때는 배에 힘을 주어야 마찰로 소리가 나는 것으로 생각한다. 처음 노래하는 대부분의 사람들은 성대를 붙이면서 마찰시킨다.

배는 힘을 주지 않고 부드럽게 횡격막을 내리기만 하여도 된다. 그럴 때는 목에 힘을 주지 않아도 진동이 일어난다. 진동으로 노래하는 것이다. 그때 소리는 배음이 되어 크고 아름다운 목소리가 되는 것이다.

둥근 횡격막으로 아래로 내릴 때 복식호흡이 된다는 원리를, 말로 설명하기는 참 어렵다. 그래서 노래하기가 어렵다. 이 원리만 깨치면 쉽게 잘할 수 있다.

성악 공부를 한 지 수십 년간 모든 마음은 오직 '어떻게 목에서 힘을 빼는가?'를 생각했다. 내가 잘하려고 욕심을 낼수록 목에는 더욱 힘이 들어갔다. 성대를 마찰시켜야만 큰 소리가 난다고 착각했던 것이다. 그것은 잘못된 이해였다. 언어의 오류였다.

마찰은 열을 만들고, 결국 소리를 망가뜨린다. 반면 진동은 소리를 살린다. 성대는 마찰하는 것이 아니라, 공기에 의해 '스쳐 지나가며' 진동한다. 이 진동이 공명이 되어 가장 효율적인 소리를 만든다. 진동은 오래 지속되어도 무너지지 않는다. 지나갈 뿐이다.

진동을 하기 전 힘 있는 목소리를 위해 성대에 욕심이 생기면 마찰이 된다. 매미 소리는 마찰이 아니다. 맑고 고운 진동의 원리이다. 진동시켜 공명을 만들어 낸다.

음악은 진동의 질서이다. 마찰이 일어나면 진동이 깨어진다. 마찰은 소리를 방해하고 열을 내게 한다. 목이 아프고 거친 소리가 나며 성대에 상처를 남긴다.

모든 악기의 소리가 아름다운 이유도 바로 진동을 만들어 내기 때문이다. 악기와 같은 원리로 성대가 진동할 때 목소리가 나온다. 그리고 그 압력을 횡격막으로 조절할 때 내 목소리는 크게도 작게도 진동이 일어나는 것이다.

현악기는 활과 줄이 마찰되어 소리가 나는 것이 아니라, 현을 진동시켜 공명이 증폭되고 배음이 일어나 크게 들린다. 관악기와 타악기 역시 같은 원리이다.

배음은 진동이 살아 있다는 증거다. 하나의 소리가 여러 주파수로 함께 울리며 더 풍부한 소리를 만든다. 반대로 마찰 소리는 이 구조가 깨져 소음이 된다.

복식호흡에서 올라온 공기는 성대를 스치며 규칙적인 진동을 만든다. 그리고 그 진동이 공명으로 확장되면서 목소리가 완성된다. 결국 소리는 마찰이 아니라 진동이다. 마찰은 상처를 남기고, 진동은 울림을 남긴다.

6장

호흡 중심의
목소리 교육 모델

목소리 혁명

"인류는 마침내 목소리를 배우기 시작할 것이다."

Charles Lee

세계 말하기 교육의 한계

대부분 국가는 말하기를 서로 다른 영역으로 나누어 분절된 교육으로 운영하고 있다. 학교 교육에서는 발표·토론·화법 중심으로 이루어지고, 문화예술 영역에서는 연극·낭독·성악으로 나뉘며, 직무교육에서는 스피치와 발표 교육으로 구분되어 있다. 이러한 구조는 호흡과 성대, 신경, 그리고 건강을 하나의 체계로 통합하지 못하는 근본적인 한계를 가지고 있다.

우리의 K-VOICE는 이러한 한계를 넘어 복식호흡을 포함한 건강의 증진까지 아우르는 교육으로, 한층 더 높은 수준의 말하기 교육이라 할 수 있다.

미국과 유럽권은 말하기의 전달력과 설득력, 성취도 향상에 집중되어 있으나, 이러한 교육은 오랜 세월 이어진 기존의 말하기 교육에서 크게 벗어나지 못하고 있다.

그 결과 장시간 말을 할 때 음성이 쉽게 피로해지고, 교사, 공무원, 강사 등에게 만성 피로를 유발하며, 음성 질환과 신체 건강에도 해로운 영향을 미친다. 이는 업무 효율에도 부정적인 영향을 주며, 사회 전반적으로 비용 증가로 이어진다.

현대에 이르러 국가별 언어정책은 이러한 한계를 더욱 분명하게 드러내고 있다. 유럽의 프랑스와 독일은 언어 논리와 낭독 중심의 교육을, 이탈리아는 성악 중심의 교육을 진행하고 있으나, 일상적인 말하기 교육은 부재한 상태이다. 대부분의 국가에서 말과 노래는 정책적으로 분리되어 있다.

미국은 공공 언어 중심의 실용 언어 교육에 집중하고 있으나, 음성 건강에 대한 공공정책은 거의 찾아보기 어렵다.

동아시아 국가들 또한 말하기 교육 자체를 찾아보기 어렵고, 인성 중심의 이론적 교육에 머물러 있을 뿐, 호흡과 신체, 자율신경과 연결된 체계적인 말하기 교육은 미비한 상태이다. 특히 호흡이 신체 기반에 영향을 주는 말하기 정책은 거의 존재하지 않는다.

이러한 세계 정책의 공통적인 한계점을 정리하면, 말하기의 중요성에 대한 교육적 인식이 부족하고, 호흡에 대한 개념이 결여되어 있으며, 건강을 위한 호흡 중심의 예방 정책이 부재하다는 점이다. 또한 전 생애에 걸친 말하기 교육체계 역시 구축되어 있지 않다.

이는 말하기 교육 정책이 대부분 분절된 구조 속에서 운영되며, 호흡과 신체, 건강을 통합적으로 다루지 못한 데 그 이유가 있다. 말하기를 단순한 전달 기술로만 이해한 결과이다.

K-VOICE는 이러한 한계를 넘어, 복식호흡을 기반으로 말하

기를 건강과 연결된 영역으로 확장한다. 이는 단순한 말하기 기술이 아니라, 자율신경의 안정과 성대 보호를 중심으로 평생 유지할 수 있는 건강한 목소리를 만드는 교육이다.

결국 K-VOICE는 기존의 분절된 말하기 교육을 넘어, 인간의 삶과 건강을 중심으로 재구성된 통합적 말하기 교육이며, 전 생애에 걸쳐 적용 가능한 새로운 교육 패러다임이라 할 수 있다.

말하기 교육의 역사

그렇다면 말하기 교육은 어떻게 발전되어 왔을까? 말하기 교육은 단순한 의사 전달의 기술이 아니라, 인간의 목소리를 어떻게 이해해 왔는가를 보여 주는 문화 교육의 역사이다. 세계 각국의 말하기 교육은 그 나라의 철학과 정치, 예술, 의학의 영향을 받으며 각기 다른 방향으로 발전해 왔다.

고대 사회에서 말하기 교육은 시민의 필수 교양이었다. 아리스토텔레스의 수사학은 논리와 윤리, 감정의 조화를 강조하였으며, 호흡보다는 논증과 설득의 구조에 중점을 두었다. 이러한 교육은 상류계층 중심으로 제한되어 있었다.

고대 로마에서는 말이 권력층의 통치 수단으로 사용되었고, 웅변술 중심의 교육이 이루어졌다. 장시간 연설을 위한 발성과 호흡은 다루었으나, 성대 보호에 대한 개념은 미약하였다.

프랑스는 시 낭독과 발음 중심의 교육을 발전시켰으며, 언어의 명료성과 발음의 정확성을 중시하였다. 말하기는 문화예술 교육의 일부로 유지되었지만, 소리보다는 언어 형식에 더 큰 비중을 두었다.

독일은 교육철학에 기반한 말하기 교육을 발전시켜, 낭독과 화법, 논리 훈련을 체계화하였다. 말은 사고를 구조적으로 표현하는 수단으로 이해되었고, 표현의 형식과 논리가 강조되었다.

이탈리아는 벨칸토 창법의 전통 속에서 노래 발성은 체계적으로 발전했지만, 일상적인 말하기 교육은 분리되어 있었다. 노래는 발전했으나, 그 기초가 되는 말하기는 상대적으로 소홀히 다루어졌다.

미국은 20세기 이후 공공장소에서의 말하기를 학문화하며 발표, 토론, 대화 중심의 실용적인 교육을 발전시켰다. 그러나 성대와 호흡에 대한 개념은 부족하였고, 장기적인 음성 보호보다는 즉각적인 의사 전달에 중점을 두었다.

동남아시아는 전통적으로 침묵과 절제를 중심으로 한 이론적 교육이 이루어졌으며, 호흡과 신체 사용을 기반으로 한 체계적인 말하기 교육은 부족하였다.

한국은 전통적으로 유교적 가치 속에서 말보다 품성과 태도를 중시해 왔다. 그 영향으로 말하기 교육과 발성, 호흡은 지금까지도 분리된 상태로 남아 있다.

이러한 흐름 속에서 공통적으로 드러나는 것은, 말하기 교육이 호흡과 분리되어 발전해 왔다는 점이다. 말은 전달의 도구로 이해되었고, 호흡은 보조적인 요소로 취급되었다. 그 결과, 성대 보호와 평생 유지해야 할 목소리의 중요성은 충분히 인식되지 못했다.

　이와 같은 역사적 흐름을 바탕으로 볼 때, K-VOICE의 등장은 새로운 전환점이라 할 수 있다. 복식호흡의 개념을 말하기에 도입하여 자율신경의 안정과 함께 일상적인 말하기를 통합하고, 말하기를 단순한 기술이 아니라 예술성과 건강 관리의 영역으로 확장시켰다.

　세계는 오랜 역사 속에서 각기 다른 장점을 발전시켜 왔지만, 인간의 삶과 건강을 중심으로 한 말하기 교육에는 도달하지 못하였다.

　K-VOICE는 이 분절된 역사 위에서 말하기를 인간 중심으로 다시 세우는 21세기형 통합 말하기 교육이다.

　말하기 교육의 역사는 오랜 시간 큰 변화 없이 이어져 왔다. 그러나 이제, 인간의 건강을 중심으로 한 복식호흡의 목소리는 새로운 교육 모델의 시작이 되고 있다.

유아의 복식호흡과 회복

유아는 태어날 때부터 복식호흡으로 완전한 호흡을 한다. 아기는 의식적인 훈련 없이 자연스럽게 복식호흡을 한다. 들이킬 때 배가 부풀어 오르고, 가슴과 어깨의 움직임은 거의 없으며, 호흡은 깊고 느리다.

이 호흡은 미숙한 상태가 아니라 생존을 위한 가장 완전한 호흡이다. 아기는 작은 폐 용량과 약한 근육, 미성숙한 신경계를 가지고 태어나지만, 복식호흡을 통해 생존을 유지한다. 복식호흡은 산소의 효율을 높이고 심박을 안정시키며 과잉 반응을 막아 준다. 아기의 평온함은 이러한 호흡 구조에서 비롯된다.

태어날 때 이미 복식호흡과 잠재의식의 기능이 함께 작동한다. 아기는 이 호흡을 통해 세상이 안전한지, 신체가 보호받고 있는지, 울어도 괜찮은지를 스스로 인식하며 신뢰와 회복의 상태를 기본값으로 형성한다. 이것이 평생을 살아갈 안정의 기초가 된다.

아기의 울음은 가장 건강한 발성이다. 목에는 힘이 들어가지 않고 성대에도 무리가 없으며, 배는 자연스럽게 움직인다. 이

울음은 원초적인 노래와 같으며, 충분히 울고 나면 다시 평안한 상태로 돌아가 잠에 든다.

그러나 이러한 복식호흡은 성장 과정에서 점차 변화한다. 두 발로 걷기 시작하고, 약 5세에서 7세 사이가 되면 호흡은 흉식호흡으로 바뀌기 시작한다. 자라면서 긴장과 억제된 환경, 부모와 주변의 스트레스 속에서 몸은 자연스럽게 흉식호흡을 배우게 된다.

호흡이 얕아지면서 불안과 초조가 나타나고, 목소리는 얇아지며 집중력도 떨어진다. 결국 흉식호흡이 습관이 된다.

하지만 이러한 호흡은 다시 복식호흡으로 되돌릴 수 있다. 오랜 습관을 바꾸는 것은 쉽지 않지만, 꾸준한 연습을 통해 잃어버린 아기 때의 호흡을 회복할 수 있다. 배와 허리를 열어 들이마시고, 내쉬는 소리를 길게 유지하는 호흡은 잠재의식을 통해 다시 몸에 자리 잡게 된다.

K-VOICE와 K-VOCAL의 훈련은 이러한 복식호흡을 다시 회복하는 과정이다. 연습을 통해 몸은 점차 유아의 호흡과 소리로 돌아가며, 평생 유지할 수 있는 건강한 목소리를 만들어 간다.

복식호흡은 새로운 것을 배우는 것이 아니라, 잃어버린 본래의 호흡으로 돌아가는 것이다. 그 호흡이 회복될 때, 우리는 조용하고 깊은 안정의 상태에 이르게 된다.

타고난 목소리를 가진 어린이는 복식호흡이 자연스럽게 유지된 경우를 말한다. 이러한 호흡은 어린이 합창단의 소리로 이어지고, 나아가 세계적인 성악가의 출발점이 된다.

K-VOICE 교육의 방향과 정책

K-VOICE와 K-VOCAL은 교육 · 복지 · 보건을 아우르는 통합 교육을 통해, 말하기의 영역을 넘어 국민 건강 관리의 영역으로 확장된다.

무엇보다 복식호흡을 기반으로 자율신경의 안정과 성대 보호를 이루며, 평생 유지할 수 있는 아름답고 건강한 목소리를 목표로 한다. 이는 결과 중심이 아닌 예방 중심으로 전환되어야 할 새로운 교육 정책이다.

우리나라는 전통적으로 단전호흡을 통해 마음을 관찰해 왔다. 들숨과 날숨을 그대로 지켜보는 가운데 감정은 자연스럽게 가라앉고, 호흡의 흐름은 진동으로 이어지며, 호흡이 고요해질 때 목소리 또한 맑아진다고 여겨 왔다. 이러한 전통을 바탕으로 K-VOICE는 호흡과 목소리를 하나로 연결하는 교육으로 확장된다.

이 교육은 전 생애를 아우르는 말하기 교육체계를 지향한다. 유아와 학생, 직장인, 시니어에 이르기까지 모든 사람이 복식호흡을 통해 호흡을 회복하고, 건강한 목소리를 유지할 수 있도록 하는 데 목적이 있다. 단기적인 효과를 위한 교육이 아니라, 평생 지속 가능한 목소리를 만드는 교육이다.

특히 흉식호흡으로 인해 어려움을 겪고 있는 교사, 공무원, 공공 종사자들에게 안정되고 신뢰감 있는 목소리를 회복하게 함으로써, 보다 건강한 말하기 환경을 조성할 수 있다. 이는 민원과 교육 행정 전반의 소통의 질을 향상시키는 데에도 기여할 것이다.

이러한 변화는 개인의 차원을 넘어 사회적 가치로 확장된다. K-VOICE는 대한민국 말하기 교육의 국제 표준화를 이끄는 문화적 기반이 될 수 있다.

이를 위해서는 교육자의 정규 연수 과정 편성과 문화체육관광부의 언어·문화 교육과의 연계가 필요하며, 예방 중심의 보건 정책과 결합되어야 한다. 또한 평생교육 차원에서 복지관 등에서의 상설 교육 프로그램이 마련되어야 한다.

지금까지 세계는 '어떻게 말할 것인가?'에 집중해 왔다. 그러나 '어떻게 건강하게 말할 것인가?'에 대한 교육은 여전히 부족하다.

K-VOICE는 이러한 한계를 넘어, 대한민국이 세계에 제시할 수 있는 최초의 국가 단위 통합 말하기 교육 모델이 될 것이다.

7장

시 낭송과 랩에서의 복식호흡

목소리혁명

"목소리를 바꾸면 삶이 바뀐다."

Charles Lee

시 낭송과 K-VOICE

문화생활의 하나로 시 낭송이 중요한 문학예술로 자리를 잡아 가며 인기를 끌고 있다.

시 낭송은 글자를 아름답게 읽는 것이 목적만이 아니라, 우리의 건강한 몸과 심성을 호흡으로 살리는 깊은 의미가 있다. 그래서 물론 발음도 중요하지만, 시의 생명은 쉼과 울림, 공명으로 호흡의 리듬에 있다.

지금까지의 시 낭송은 가슴을 울리는 흉식호흡으로 목에 힘을 주지 않고 낮고 부드러운 소리를 위주로 하였다. 그리고 마이크로 그것을 보완하고 감정의 폭을 넓게 만들어 왔다.

여기에서 K-VOICE는 호흡의 질을 한층 높이고 육성의 순수한 감정으로 감동을 주는 목소리이다. 나이가 들어도 유지할 수 있는 젊음의 목소리로 되돌아가는 것이다.

시를 잘 읽는 것은 사람의 성대와 목이 아니라 아랫배와 횡격막의 조절로 이루어진다. 만일 흉식호흡으로 낭송하면, 목이 빠르게 피곤하고 힘이 없어진다.

시 낭송은 나이에 관계없이 복식호흡으로 바꾸면 건강하고 아름다운 젊음의 목소리를 낼 수 있다. 복식호흡으로 낭송하면, 소리는 안정되고 빨라지지 않으며 의미를 자연스럽게 드러낸다. 또한 짧은 흉식호흡으로는 할 수 없는 풍부하고 긴 호흡을 유지할 수 있다.

시 낭송과 복식호흡의 리듬

흉식호흡은 말이 조급해지고, 짧아진 호흡은 의미를 이어 가기 어렵게 만든다. 반면 복식호흡은 언어 사이의 머무름에 여유를 만들어 풍부한 호흡으로 감정 전달을 가능하게 한다.

나이가 들면 호흡은 점점 얕아지고 산소 공급이 줄어들며 쉽게 피로해진다. 이때 복식호흡으로 온몸과 두뇌에 산소를 충분히 공급하면 몸의 활력이 살아나고 맑고 안정된 소리를 유지할 수 있다.

K-VOICE의 복식호흡에서 침묵은 호흡의 단순한 쉼이 아니라 시의 이어진 한 부분이다. 문장 사이의 침묵은 또 하나의 감동을 만든다. 시 낭송에서는 감정의 과잉보다 절제를 통해 내면의 울림을 일으키는 것이 중요하다. 이것이 한국적인 리듬의 아름다움을 더해 준다.

한국어는 장단과 여백의 언어이다. 성대를 과도하게 쓰지 않고 복식호흡에 의존하면, 인두와 공명이 열리며 소리는 둥글고 낮게 흐른다. 소리의 초점은 시의 여운에 따라 종결 부분 끝까지 소리가 살아 나가게 한다.

시 낭송은 낮은 소리에서 둥글고 부드러운 울림을 살려 준다. 큰 소리보다 낮고 조용하면서도 살아 있는 초점 있는 목소리가 시를 더욱 깊게 만든다.

시 낭송은 목이 아니라 아랫배에서 시작되는 횡격막의 조절로 이루어진다. 이 원리를 이해하면 목소리의 자유로움을 얻고, 건강하고 풍부한 소리를 오래 유지할 수 있다.

K-VOICE는 나이와 성별에 관계없이 평생 아름답게 낼 수 있는 안정된 건강하고 아름다운 소리를 이끌어 낸다.

랩을 위한 복식호흡

요즈음 인기를 얻고 있는 랩은 발랄한 리듬과 독특한 언어로 하나의 중요한 장르로 자리 잡고 있다. 감정과 메시지를 전달하는 강력한 표현 방식이며, 더 높은 완성도를 위해 호흡의 이해가 필요하다.

음악에서의 마찰은 부르는 사람은 크게 들리지만 관객은 작게 들리고 진동은 관객에게는 크게들린다. 이것은 참 이해가 어렵고 힘이 들지라도 앞으로의 문화를 위해 적절한 조화가 꼭 필요할 것이다.

랩에서 가장 중요한 것은 가사의 전달력이며, 이를 위해서는 충분한 호흡으로 안정된 소리를 만들어야 한다.

흉식호흡의 발성은 가슴이 올라온다. 폐활량도 적으며 흉식호흡의 발성은 가슴이 올라온다. 폐활량이 적고 목에 힘이 들어가 발음도 성대의 마찰로 인하여 어둡고 두꺼운 소리가 되어 초점이 흐려지기 쉽다.

이를 극복하기 위해 복식호흡이 필요하다. 일반적으로 큰 소리를 위하여 성대를 마찰시키는데, 이는 목을 해치게 된다. 복식호흡으로 아랫배를 받쳐 주면, 횡격막으로 호흡의 압력을 조절하여 성대의 진동이 일어난다.

이러한 진동은 배음을 일으키며, 소리를 크게 하는 효과도 있어 아무리 오래 불러도 목이 상하지 않는다. 이를 위해서는 오랜 훈련이 필요하다.

흉식호흡으로 가슴의 윗부분에서 내는 소리는 꼭 목에 힘이 들어간다. 성대는 닫히며 마찰이 일어나는 상태가 된다.

복식호흡은 랩에서도 발성의 안정과 지속력을 만드는 핵심이며, 장르를 넘어 공통적으로 적용되는 기본 원리이다.

8장

교회음악에서의
복식호흡과 공동체

목소리혁명

"제3의 호흡은 단전에서 이루어진다."

Charles Lee

교회음악과 호흡의 영성

초대교회부터 교회음악은 단순한 발성의 영역을 넘어, 기도를 소리로 드리는 음악이다. 안정과 절제, 지속성 있는 예배의 본질은 신앙의 태도이며 공동체의 호흡의 깊이와 깊이 연결되어 있다. 이것은 모두 복식호흡에서 충족되는 호흡이다.

교회음악이 복식호흡을 필요로 하는 이유는 긴 호흡과 끊어지지 않고 이어지는 선율 구조에 있다. 호흡이 끊기면 기도도 끊어진다. 교인들은 평생을 매주 노래한다. 공기의 흐름 위에 성대가 마찰하지 않고 떠 있으며, 노년까지 안정적인 발성이 필요하다.

교회의 음악은 모두가 함께하는 공동의 호흡이며, 하나의 호흡으로 모일 때 비로소 하나의 소리가 된다. 좋은 교회는 크지 않아도 하나처럼 들린다.

초대교회의 음악은 대부분 무반주의 단선율이었다. 그 안에서 호흡이 곧 음악이 되었고, 복식호흡만이 가능한 소리의 지속성이 있었다.

그러나 많은 사람들은 여전히 가슴으로 숨 쉬는 생리적인 호흡만을 생각한다. 그 호흡은 짧고 초조하며 근심과 불안으로 가득 차 있다. 흉식호흡은 살아가기 위한 산소 교환의 작용에 머물 뿐, 자동적으로 반복되는 생리적 호흡이다.

하지만 교회의 호흡은 다르다. 찬송 이전에 이미 하나님이 주신 호흡이 내 안에서 오르내리고 있음을 인식하는 것이다. 하나님이 생기를 불어넣으셨을 때, 그 생기는 곧 호흡이었다. 깊은 복식호흡은 나의 몸과 마음을 다스리며, 그 자체로 영적인 기도가 된다. 깊고 고요한 호흡은 이미 하늘에 닿아 있다.

교회에서의 호흡은 영과 몸을 잇는 통로이며, 호흡으로 드려지는 것이 예배의 본질이다.

현대의 호흡은 점점 빨라지고 사람을 더욱 초조하게 만든다. 교회음악 또한 그 영향을 받아 점점 빨라지고 얕아진다. 가슴으로 쉬는 얕은 호흡은 상체를 긴장시키고 말과 행동을 조급하게 만든다.

그러나 예배의 호흡은 깊고 느리며, 말 이전의 침묵까지 포함한다. 횡격막이 이완되며 이루어지는 복식호흡 속에서 사람은 자신의 감정과 생각을 내려놓게 된다. 교회는 그렇게 내면을 정화하는 장소가 된다.

일반적인 말하기가 의사의 전달과 설득을 위한 것이라면, 교회의 성가는 공감과 나눔을 위한 것이다. 그것은 함께하는 호흡 속에서 하나가 되는 목소리이다.

성경에서 호흡은 곧 영이며, 하나님의 임재 방식이다. 교회는 단순히 호흡하는 장소가 아니라, 나의 호흡을 맡기는 곳이다. 그래서 오늘도 우리는 호흡으로 찬송한다.

회중 찬송과 공동체의 호흡

먼저 호흡을 통일하는 것이 중요하다. 모든 찬송은 하나님이 주신 호흡으로 하나로 통일될 때 진정한 예배가 될 수 있다. 호흡이 다르면 통일될 수 없다. 음정과 박자보다 호흡의 속도와 깊이를 맞추는 것이 중요하다.

하나의 복식호흡이 될 때 비로소 가능하다. 그 호흡은 여유가 있고 숨이 차지 않으며, 온몸에 산소를 공급하여 건강한 몸과 마음으로 바뀐다.

호흡이 통일되면 서로 잘하려고 경쟁하는 것이 아니라, 자연스럽게 하나의 파동이 된다. 가슴과 어깨를 움직이지 않고 횡격막에 의한 아랫배를 움직여야 한다.

이 순간에 모두 미주신경이 안정된다. 찬양하는 모든 사람은 복식호흡으로 안정되어야 하며, 들이키는 호흡은 짧게 내쉬는 호흡은 천천히 통일되어야 한다.

첫 음은 낮게 시작하며 공명을 일으켜야 한다. 소리의 하나 된 울림을 느끼며, 전체가 천천히 함께 서고 머물며 흔들리지 않아야 한다. 찬송의 끝이 기도처럼 되어야 한다. 이 찬송은 시끄러워서는 안 되며, 교회가 가득 차는 둥근 소리로 서로의 소리가 튀지 않게 공명이 일어나는 것이 좋다.

내 목소리보다는 전체의 소리에 귀를 기울이며 공동의 호흡에 따라야 한다. 흉식호흡에 익숙한 경우 호흡을 고르지 못하고 박자만 중시하게 되며, 고음을 몇몇 개인에게 맡기려고 한다. 이것은 호흡을 가르치고 이끄는 지휘자의 몫이다.

찬송이 하나 되려면, 하나님이 주신 호흡을 함께 나누어야 한다. 찬송은 경쟁이 아니라 동행하는 데 있다. 같은 호흡으로 찬양할 때 모두 같은 마음이 된다. 회중 찬송이 어수선하지 않게 호흡과 속도와 깊이가 같아야 한다.

회중 찬송의 기본은 개인의 실력보다 모두의 호흡 상태가 중요하다. 흉식호흡은 그 점에서 거의 불가능하다. 회중은 노래하지 않고 함께 호흡을 같이한다는 마음이 중요하다.

회중 전체의 미주신경이 안정되는 것, 그것이 교회에서만 들을 수 있는 아름다운 호흡이다.

교회음악의 전통과 변화

초대 교회에서 시작된 단선율 성가는 수 세기를 두고 조금씩 변화를 가져왔다. 누구도 거부하지 않는 교회의 전통과 관습은 세월의 흐름 속에 스스로 새로움을 만들어 왔다.

단선율에서 복선율로 바뀌기 시작한 것이다. 테너의 기준 목소리를 가지고 아래위로 카운터테너가 만들어졌으며, 수 세기가 지나는 동안 보이소프라노와 알토가 만들어졌다.

이렇게 4성부로 된 소프라노, 알토, 테너, 베이스의 고정된 음악은 관습처럼 또 오랜 시간을 흘러왔다. 전 세계에 통용되어 온 이 음악은 바로크 시대를 지나며 벨칸토 소리로 발전하였다.

그러나 그 소리 또한 시대의 흐름 속에서 변화하였다. 오케스트라와 대형 극장의 등장으로 점점 더 크고 강한 소리를 요구하게 되었고, 본래의 벨칸토가 지니던 자연스럽고 부드러운 울림과는 다른 방향으로 확장되었다.

현대에 이르러서는 고성능의 마이크와 다양한 음향 기술의 발달로 또 다른 변화가 일어나고 있다. 소리는 더 이상 단순히 크게 내는 것이 아니라, 섬세한 공명과 조화 속에서 새로운 표현을 만들어 간다.

특히 성악에서의 발전은 또 다른 변화를 원하고 있다. 모두가 "우"의 입 모양으로 노래할 때, 두성 공명의 부드러우면서도 아름다운 하나의 목소리의 하모니가 이루어진다.

이러한 흐름 속에서 K-VOICE와 K-VOCAL, 그리고 멀티 싱어의 개념은 새로운 가능성을 제시한다. 이는 개인의 소리를 넘어 음역의 확장과 다양한 표현을 가능하게 하며, 오페라 · 합창 · 뮤지컬 · 트로트 · 대중음악 등 모든 장르에서 새로운 음악적 변화를 이끌 것이다.

무엇보다 중요한 것은 정신과 신체의 건강한 목소리에서 출발하여, 그 아름다움을 지속적으로 이어 가는 데 있다. 이러한 문화적 흐름은 대한민국 국력의 신장과 함께 문화적 발전으로 그 영역을 세계로 넓혀 갈 것이다. 그리고 새로운 음악적 가치를 만들어 갈 것이다.

대한민국이 바뀌면, 세계가 바뀐다.

나눔으로 완성되는 목소리

내가 가진 것을 나누지 않으면 그 삶은 무슨 의미가 있으랴. 쌓아 둔 재능은 결국 나를 고립시키고, 그 능력은 세월이 흐르며 스스로 의미 없이 사라질 것이다.

목소리는 혼자를 위해 쓰일 때는 단지 소리에 불과하지만, 누군가에게 즐거움이 되고 위로가 되고 기쁨이 될 때 비로소 의미를 가진다. 삶은 가진 것으로 증명되지 않는다. 얼마나 나누었나에 그 가치가 있다.

내가 닦아 온 재능과 호흡은 기나긴 시간과 아픔 속에서 터득한 것이다. 그것을 나누어 함께 치유될 수 있고, 또 내일을 더욱 밝힐 수 있다면 그것으로 충분히 행복하다.

나눔이 있는 곳에 삶의 이유가 있고, 그 이유가 모여 인류는 아름답게 평화로 나아간다. 그러나 오늘도 많은 이들이 재능을 혼자 누리며, 그 가치를 몇몇 가진 자들과만 나누려 한다. 안타까운 일이다.

캄보디아에서의 어메이징 그레이스 초등학교, 라온제나 국제 다문화어린이합창단, D교도소 힐링합창단, 초록이시니어합창단, 푸른환경합창단에서 내가 가진 노래를 나누며 함께 기쁨을 나눈 시간들은 참으로 즐겁고 행복했다.

우리는 가진 것을 쥐고 있을 때 정지된 소유에 머물지만, 나누는 순간 그것은 의미와 생명을 갖게 된다. 나눔은 줄어드는 것이 아니라 오히려 더 큰 나눔이 되어 감사로 돌아온다.

내가 익힌 모든 것을 풀어낼 때 그것은 공동 사회 전체의 소유가 된다. 나눔은 살아 움직이며 깊어져서 다시 내게로 돌아온다. 나는 나누기 위해 가졌고, 나누는 순간 비로소 가진다.

9장

카운터테너,
잃어버린 목소리의 회복

목소리 혁명

"마찰의 시대는 끝났다. 이제 진동의 시대가 시작된다."

Charles Lee

카운터테너의 기원과 부활

중세 교회음악에서는 여성의 노래가 금지되었고, 소년 소프라노와 알토 파트, 그리고 카운터테너가 자연스럽게 사용되었다. 카운터테너는 과시를 위한 음악이 아니라 자연 호흡 중심의 음이었고, 부드럽고 안정된 초기 기독교 성가였다. 이 소리는 가슴에서 밀어 올리는 음악이 아니라 복식호흡을 기반으로 한 얇고 긴 음성이었다.

그러나 바로크 시대에 이르러 오페라의 등장과 함께 카스트라토가 등장하였다. 극적인 감정을 표출하고 커다란 성량이 요구되었는데, 이는 무지와 욕심에서 비롯된 잘못된 흐름이었다.

나폴레옹 시대 이후 사라지게 되었다. 그로 인해 카운터테너는 같은 고음인 카스트라토의 비인간적인 고음으로 인식되며 사라졌다. 이후 18~19세기를 지나며 카운터테너는 완전히 사라진 것으로 여겨졌다.

그러나 카운터테너는 완전히 사라진 것이 아니었다. 영국의 카운터테너 알프레드 델러에 의해 다시 복원되었고, 20세기에는 바로크 음악의 재조명과 함께 그 가치가 다시 드러나게 되었다.

카운터테너는 음악사의 변방의 소리가 아니라 가장 깊은 곳에서의 인간 발성의 원형에 가까운 소리였다. 과시를 위한 음악이 아니라 자연 호흡 중심의 본래의 소리였다.

바람은 성대에 걸리지 않는다. 진동으로 공명되어 흐른다. 카운터테너의 소리는 이와 같다. 남성이라면 누구나 테너, 바리톤, 베이스와 함께 자연스럽게 이 음역을 사용할 수 있다.

올바른 복식호흡으로 만들어진 카운터테너는 무리 없이 평생 유지할 수 있는 건강하고 아름다운 소리이다.

이제 카운터테너는 그 아름다움과 함께 더욱 우리 곁에 다가왔다. 중세와 바로크 시대의 교회음악에서 완전히 벗어나 21세기의 새로운 장르로 거듭나야 할 때이다.

카운터테너 발성과 호흡의 원리

현대의 카운터테너 발성은 기존의 발성과 다르다. 성대를 마찰시키지 않고 진동으로 소리를 만들어 낸다.

성대를 닫아 밀어내는 것이 아니라 호흡이 성대를 지나가며 공명을 일으킨다. 이 발성의 핵심은 호흡의 길이에 있다. 매끄럽고 조용한 긴 호흡이 필요하다. 이 호흡은 듣는 사람의 마음을 가라앉히며 긴장을 풀어 준다.

카운터테너의 소리는 고음이지만 자극하지 않고 절제와 감동을 통해 순수한 아름다움을 전달한다. 마찰로 만든 소리는 쉽게 망가지지만, 진동으로 만든 소리는 오래 유지된다.

올바른 복식호흡의 카운터테너는 평생 간직할 수 있는 무리함이 없이 노래할 수 있는 건강하고 아름다운 소리이다.

먼저 작은 목소리로 복식호흡을 머리 위로 올려 소리를 띄운다. 그리고 그 소리에 자연스럽게 노래를 붙인다. 이때 흉식호흡으로 성대를 좁혀 힘으로 내기 쉬운데, 이는 성대를 다치게 하는 원인이 되므로 주의해야 한다.

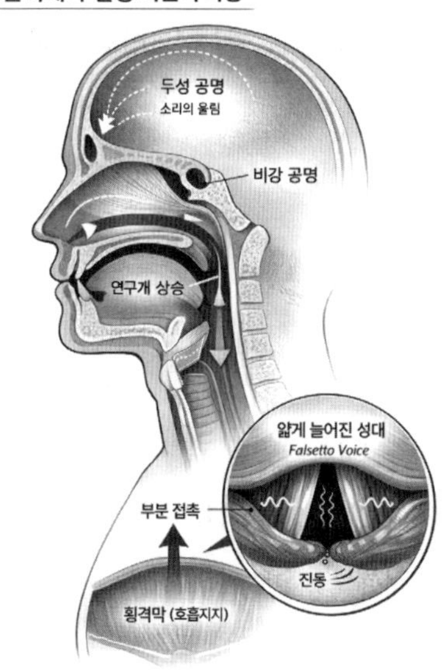

카운터테너는 밀어내지 않고, 과장하지 않으며, 진동으로 울림을 만들어 내는 소리이다.

오늘날 카운터테너는 일반인들의 마음을 위로하고 부드러운 음색으로 그 본질을 나타내는 장르가 되었으면 한다. 특히 근대 초창기의 흉식호흡으로 인한 성대 마찰이 카운터테너의 생명이 짧아진 원인임을 이해하고, 완전한 복식호흡으로 노래하면서 그 아름다움을 잃지 않았으면 좋겠다.

나의 카운터테너 여정과 깨달음

1989년 미국 유학 중에 나는 한국에서는 들어 본 적이 없는 카운터테너를 공부하게 되었다. 본래 가진 테너에, 카운터테너라는 새로운 장르로의 도전은 너무 어려웠다. 많은 레슨과 연습 속에서도 가능할까 하는 의구심이 있었다.

그러나 나는 잠자기 전 잠재의식 속에서 무대 위 카운터테너로 노래하는 모습을 그리며 기도했다. 세계가 변하고 있다는 것, 그리고 내가 한국 최초의 카운터테너가 되어야 한다는 생각이 나를 이끌었다. 하지만 불완전한 복식호흡으로는 이 소리를 만들 수 없었다.

그러던 중 2015년 영화 《파리넬리》가 상영되었다. 영화의 위력은 문화의 많은 부분을 바꾸어 놓았다. 천 년을 이어 온 카운터테너라는 이름보다 바로크 시대에 잠시 지나간 카스트라토가 더욱 알려지면서 대부분 사람들은 카운터테너보다 거세가수인 카스트라토로 더 많이 인식하기 시작했다.

나는 우리나라에도 카운터테너의 역사에 관한 책이 필요함을 느끼고, 한국 최초로 카운터테너에 관한 책을 쓰기로 마음 먹었다.

카운터테너의 출발이 된 유럽의 여러 나라를 여행하면서 자료를 수집했다. 특히 영국의 근대 카운터테너 알프레드 델러에 관한 자서전을 읽으면서 많은 것을 깨닫게 되었다. 그리고 책이 발간되기까지 20여 년의 시간이 걸렸다.

우선 잘못 인식된 카스트라토를 바로잡는 일이 시급했다. 카스트라토는 그 시대의 문화가 만든 커다란 오류이었다. 오늘날 거세하지 않은 남성들도 그 당시의 고음을 내는 많은 카운터테너가 활동하고 있다.

우리나라는 음악의 이론과 역사보다 연주를 중요시하는 경향이 있다. 그런데 사실 연주보다 역사의 기록이 더욱 중요하다. 음악의 역사를 바로 알고 연주할 때, 더욱 가치 있기 때문이다. 역사의 흐름에 따라 훌륭한 연주가는 계속 이어져 나올 것이다. 연주는 역사의 기록 위에서 이루어진다.

더불어 이 시대에 맞는 새로운 음악을 만들어 가는 것도 중요한 일이 될 것이다. 오늘도 나는 K-VOICE, K-VOCAL과 멀티싱어로 새로운 음악의 길을 만들어 가고 있다.

한국 음악사 속
카운터테너의 의미

20세기 한국음악사는 서구 성악 양식의 수용과 정착이라는 큰 흐름 속에서 전개되었다. 성부 영역에서는 서양에서 만들어진 테너, 바리톤, 베이스 중심의 구조가 유지되었다. 이러한 맥락 속에서 카운터테너의 도입은 단순히 한 성악가의 등장이 아니라 한국 성악사의 음성 구조를 확장한 사건이었다.

카운터테너는 기존 남성 성부의 음악 미학과는 전혀 다른 중성적·영적 음색을 통해 청중에게 신선함을 안겨 주었다. 이는 20세기 한국 음악계가 처음으로 마주한 새로운 음성적인 경험이었다. 이는 한국 음악이 재현의 단계에서 해석과 확장의 단계로 나아가는 가능성을 보여 준 것이다.

언론에서도 이 변화를 주목하였다.

"한국카운터테너 최초의 CD 〈사랑의 기쁨〉, 〈밤과 꿈〉, 그 얼마나 아름다운가〉. 이는 한 장의 음반을 넘어 한국 성악사의 새로운 시작이었다. 그 카운터테너의 소리는 시간을 넘어 역사에 남는다. 기록된 최초의 소리는 그 자체만으로 언제나 가장 아름답다. 한국 가곡이 카운터테너의 목소리에 실려 선을 보이는 것도 역시 처음이다."[1]

동아일보는 "카운터테너 도입은 20세기 한국음악사에 신선한 충격을 주었다."며 20세기 한국 음악사가 새로운 성부의 가능성을 받아들였다.

또한 조선일보는 「이철수 카운터테너의 등장에」를 통해 "국내 1호 카운터테너 이철수는 1996년 대구에서 한국 최초의 독창회를 열며 우리나라에 카운터테너의 고유한 매력을 처음 알렸던 음악가이다."라고 밝혔다. 20세기 한국음악사에 없던 새로운 성부의 출현을 전하며, 그 신선한 충격을 조명한 것이다.

기록된 최초의 소리는 그 자체로 의미가 있다. 카운터테너의 소리는 시간을 넘어 역사 속에 남는다. 그리고 그 소리는 지금도 새로운 가능성으로 이어지고 있다.

[1] 1999. 10. 27. 동아일보

10장

음악가의 삶과
호흡의 여정

목소리혁명

"말과 목소리가 세상을 아름답게 한다."

Charles Lee

유아 시절의 복식호흡

그것은 아주 오래전 나와 함께 이 세상에 우렁차게 태어났다. 무의식적으로 나는 울었다. 가장 완전한 자연의 호흡이면서 그 울음은 지금의 나를 만들었다. 그 당시에는 어떤 의식도 없었다.

그것은 누구나 태어날 때 가지고 있는 가장 건강한 기본 호흡, 바로 복식호흡이다. 세상에서 가장 아름다운 신비한 힘을 가지고 있는 생존을 위한 복식호흡의 소리였다.

지금도 그 복식호흡의 목소리로 나는 말하고 노래를 부른다. 그 호흡으로 노래를 부를 때 언제나 좋은 일이 일어났다.

나는 대한민국 아름다운 기왓골 집에서 아무 부족함이 없었다.

조용하지만 완전한 복식호흡. 횡격막이 아래로 내려가며 호흡을 들이킬 때 복부가 자연스럽게 부풀러 올라왔다. 폐는 아래부터 공기로 채워졌다. 내쉴 때는 힘이 들지 않아도 자연스럽게 빠졌다. 가슴과 어깨는 거의 움직임이 없는 본능적인 복식호흡이 언제나 나를 지켜 주고 있었다.

나는 깊고 긴 호흡을 힘을 주지 않고 조절함이 없이 이 무의식으로 느리고 깊은 들이킴을 느꼈다. 긴장도, 두려움도 전혀 없이 평화로움만 있었다.

호흡은 짧았지만 깊은 호흡이었다. 안정된 부교감 신경 상태로 쉽게 깊은 수면에 들어갔고, 일어나 크게 울었고, 또 바로 회복되어 생존의 웃음을 띠었다. 크게 호흡을 들이키고 강한 울음으로 호흡을 내쉬었다. 커다란 소리였지만 거칠지 않았고, 바로 회복되는 충분한 호흡이 받쳐 주었다.

나는 100% 완전한 폐를 사용했다. 아주 작은 폐였지만 횡격막을 크게 움직여 폐의 아래까지 공기를 채우면, 산소와 교환되어 순환이 일어났다. 내 목소리는 건강한 울음으로 맑고 강한 소리로 울었다.

생존을 위한 복식호흡은 언제나 나에게 좋은 일을 불러 주었다. 출생부터 유년기까지 복식호흡이 계속되었다.

흉식호흡의 시기

몇 해가 지나며 두 발로 걷게 되면서 조금씩 흉식호흡으로 바뀌어 갔다. 3~4세쯤 흉식호흡은 시작되어 6~7세쯤 초등학교에 입학할 때에는 완전한 습관이 되었다.

내가 학교에 들어가면서 어른들은 언제나 긴장 속에서 명령했다. 배가 꽉 조이는 바지와 벨트를 하게 하고, 아랫배를 조이며 긴장 상태에 들어갔다. 횡격막이 거의 차단된 것이다.

나는 호흡을 위로 끌어 올리며 가슴으로 들이켰다. 호흡이 자꾸 부족해졌으나 말은 자꾸 많아졌다. 어른들의 흉식호흡과 말 습관을 따라 배우고 있었다. 가슴이 앞으로 더욱 나오기 시작하고 입을 열고 호흡하는 습관이 생겼다.

이제 배는 거의 움직이지 않고 호흡을 들이킬 때 가슴이 들썩이며 쉽게 짜증이 나고 불안해지기 시작했다. 말을 하면 금방 지쳤다. 긴장된 학교생활과 사회 분위기로 흉식호흡은 습관화되어 갔다.

즐겁던 그 시절 즐겨 입으시던 어머니의 빨간 벨벳 치마저고리, 그 화려한 빨간색의 벨벳은 지금도 빨간 제라늄꽃이 되어 아름다움으로 남아 있다. 그리고 손잡고 가던 그 빨간 벽돌의 교회당, 그곳에서 어머니는 자주 독창하셨다.

학교 강당과 시민회관, 함께 가는 음악회는 정말 아름다운 세계였다. 그렇게 내게 다가온 음악은 내게 평생 함께하는 친구가 되어 어머니의 상징처럼 기억 속에 추억으로 남았다. 그때 어머니가 즐겨 부르시던 노래, 곱고 곱던 그 목소리.

"한 떨기 장미꽃이 외로이도 피었네. 꽃들은 졌건마는 꽃망울도 없나 한 떨기 장미꽃이 외로이도 피었네"

어머니는 내게 성악에 대한 꿈을 걸고 계셨다. 내 목소리의 많은 점을 고쳐 주셨다. 목에 힘을 빼고, 할아버지처럼 노래해야 한다고. 외할아버지는 일본에서 바이올린을 공부하셨고, 성악에도 아름다운 테너 음성을 가지고 계셨다. 하지만 잘하려고 애를 쓰면 쓸수록 목에 힘을 뺀다는 것은 어려운 일이었다.

그 시절 닥쳐온 정부의 토지개혁으로 그 많았던 토지는 소작인들에게 넘어가고, 그 스트레스로 할아버지는 병을 얻어 돌아가셨다. 우리 집은 급격하게 기울었고, 초등학교 선생이셨던 아버지마저 처음 하는 사업 속에 더욱 힘들어져 갔다. 이루 말할 수 없는 시련에 아버지 어머니의 고생도 커져 갔다.

그 속에서 나도 흉식호흡이 습관화되며 학교생활도 커다란 스트레스로 다가왔다. 나는 장남으로 모든 어려움을 어머니와 함께 짊어지고 공부할 시간도 없이 일했다. 나는 점점 난폭해졌고, 싸움도 하면서 중학교를 겨우 졸업할 수 있었다.

졸업 후에는 동네의 조그만 공장에서 일했다. 이장 댁에서 운영하는 국수 기계를 만드는 공장이었다. 아버지가 돌아가시면서 나는 철이 들기 시작했다. 세상은 엄청난 무게로 나를 짓눌렀다.

음악으로 들어선 길

어머님의 간곡한 권유와 희생으로 겨우 야간고등학교에 들어갔다. 새벽에는 신문 배달, 낮에는 파출소에서 아르바이트를 하면서 밤에는 학교에서 열심히 공부하였다.

야간학교는 음악을, 주간반 학생은 미술을 배웠다. 학교 수업 시간에는 정전이 자주 되었다. 캄캄한 어둠 속에서 선생님은 나에게 노래를 부르게 하셨다. 나는 언제나 스스럼없이 일어나 노래를 불렀다.

"오가며 그 집 앞을 지나노라면. 그리워 나도 몰래 발이 머물고…."

시끄럽던 교실이 갑자기 조용해졌다.

중간고사 때 실기 시험을 치렀다. 시험 곡은 〈산타루치아〉였다. 시험이 끝난 후 음악 선생님께서 나를 부르셨다. 그리고 매주 토요일 성악을 배우러 나오라고 하셨다.

그렇게 김용환 음악 선생님의 사랑으로 매주 토요일마다 음악실에서 레슨을 받기 시작했다. 복식호흡의 기본을 배우고, 조금씩 나의 삶의 환경도 변하고 있었다.

그 사랑이 있었기에 오늘의 나도 사랑을 나눌 수 있는 계기가 되었다.

고등학교를 졸업한 후에는 어려운 집안 사정으로 동양염공에 시험을 봐서 공장 관리부에서 일했다. 젊은 사람들도 모두 열심히 일했다.

그런데 공장일은 도무지 내게 맞지 않았다. 여름에는 50도 되는 실내 온도에 염색을 주로 하는 곳에서 대부분 희망이 없는 젊은이들은 퇴근한 후 가까운 술집에서 막걸리를 마시면서 세상을 불평하고 원망했다. 나는 그 생활이 싫었다. 이렇게 젊음을 보낸다는 것이 참을 수 없는 고통이었다.

그때 내게 소중한 책 한 권이 들어왔다. 미국 조셉 머피 목사의 『잠자면서 성공한다』라는 잠재의식에 관한 책이었다. 정신이 번쩍 들면서 시간이 날 때마다 그 책을 수십 번씩 읽었다.

세상의 모든 일을 잠자기 전에 바라는 꿈대로 반드시 이루어진다는 내용의 책이었다. 잠자기 전 나는 언제나 꿈을 꾸었다. 그리고 잠재의식으로 새롭게 태어났다.

군악대 시절, 목소리의 깨달음

군입대 영장이 나온 후, 나는 군악대를 꿈꾸었다. 그 꿈대로 나는 사단 군악대에서 클라리넷을 불었다. 그곳에서 나는 가는 곳마다 노래를 불렀고, 그때마다 좋은 일들이 일어났다.

부대 식당에서 고참들은 나에게 노래를 부탁했고, 노래가 끝나면 많은 고기를 동료들과 함께 나눌 수 있었다. 참모장의 부름으로 군부대 내의 사단 교회에서 성가대를 지휘하기도 했고, 사단 내의 많은 부대를 다니며 군가를 부르기도 했다.

신병 시절, 행사가 없으면 언제나 높은 산에 올라가 종일 보초를 섰다. 아무것도 하지 않고 하늘만 바라보던 그 시간이 아쉬워 나는 일본어를 공부하였다. 처음에는 몸에 책을 숨겨 가다가 벌을 받았고, 그다음엔 헬멧에 숨기다가 크게 벌을 받았다.

그래도 그 시간이 아까워 마지막에는 책을 한 단원씩 찢어 포켓에 넣어 무사히 일본어책 2권을 완전히 익혔다. 그때는 그저 시간이 아까워 시작한 일이었지만, 훗날 그것이 내 인생의 기회가 될 줄은 몰랐다.

전역 후 나는 음악대학을 목표로 삼았다. 하지만 나의 형편에 장학생이 아니면 대학은 도저히 어려운 선택이었다. 그렇지만 나는 잠재의식 속에 잠자기 전에 기도했다. 음악대학에서 노래하는 나의 모습을 그리면서 잠에 들었다. 마침 그해에는 제2 외국어로 일본어를 택할 수 있었다. 군에서 일본어를 공부한 나에게 절호의 기회였다.

고된 훈련은 계속되었다. 훈련은 언제나 뛰는 것에서 뛰는 것으로 끝났다. 모든 에너지가 바닥나고 목소리 힘도 바닥날 무렵, 그래도 앞장선 소대장은 있는 힘을 다해 구호를 외쳤다. 젊음의 목소리는 패기로 넘쳐났다.

군가 〈바로 내가 사나이다〉, 〈멋진 사나이〉에 이어서 "구보는 악이다. 목소리 봐라. 더 크게!"라는 구호에 목이 쉴 때까지 소리를 질러야 했다. 참 힘든 훈련이었다.

그것은 목을 혹사하는 무의미한 소리에 불과하였다. 훈련을 마치고 사병들은 대부분 성대가 부어서 꺽꺽댔다. 목이 힘들면 온몸도 지쳐 갔다. 그리고 다음 날 감기에 들고 기침하였다.

나는 생각했다. 왜 구보가 악이어야 할까. 왜 우리 군대는 내려온 관습대로 이렇게 군가를 악으로 해야 할까. 사기를 올리는 방법은 없을까. 그 답은 호흡에 있었다.

늠름하고 정열이 넘치는 생도들의 사열식에 참여할 기회가 있었다. 군악대의 연주와 함께 연대장 생도는 "우로 봐!" 우렁차게 구호를 외쳤다. 멋있었다. 하지만 그렇게 구호 소리를 내는 생도는 얼마나 될까?

장교의 목소리는 힘이 넘치고 카리스마가 있어야 한다. 열병식을 마치고 참모장님, 육사교장님의 대화에서 군사의 사기를 위해 장교를 위한 발성법에 관하여 이야기했다.

"보다 멋진 군대가 되기 위해 악을 쓰지 않고 건강하고 카리스마가 넘치는 힘찬 목소리가 필요합니다."

모두 정말 그렇다고 동의하셨다.

한 달 뒤, 육사교장님의 부탁으로 육사 생도가 강당에 모인 가운데 발성법 강의를 하게 되었다.

"목소리는 젊음의 상징이다. 여러분의 목소리에 전 군인의 목소리가 달려 있다. 목소리만으로 군의 사기를 높일 수 있다. 이제 부대를 이끄는 장교가 되면 사병들은 모두 여러분의 목소리를 닮은 생도들을 따를 것이다. 참으로 중요한 일이 아닐 수 없다."

복식호흡을 설명하고 군가를 다시 부르게 했을 때, 그들의 눈빛은 완전히 달라져 있었다. 목소리 하나로 군의 사기를 바꿀 수 있다는 것을 나는 그때 처음으로 확신했다. 대한민국 80년 육군 역사에 최초의 목소리에 대한 훈련이었다.

군대 동기 J 병장은 서울대를 졸업하고 여고 선생을 하다가 늦게 군대에 입대한 친구였다. 작곡을 전공한 그는 군악대의 악보계를 담당했다. 어려운 군대도 좋은 친구가 항상 옆에 있어 군생활의 반은 즐거웠다.

한 번씩 함께 구보 훈련을 했다. 군악대에서 구보는 사단 군악대의 명예가 달려 있어 규율이 엄격했다. 평발이었던 그는 구보를 참 힘들어했다. 내가 그의 총을 메고 도왔지만 20Km를 뛰는 구보 훈련은 무리였다. 군악대에서의 구보 낙오는 있을 수 없는 군율이었다.

그래도 그는 끝까지 달렸다. 함께 연병장을 들어와 그는 기절했다. 평소에도 병약했지만 참 착했던 친구, 그 친구는 군대 제대 후에 음악대학 교수를 지냈다. 그 친구는 나보다 먼저 세상을 떠났다. 나는 그의 장례식에서 조가를 불렀다. 오늘따라 그 친구가 더욱 그립다.

구보에서 복식호흡과 흉식호흡의 차이는 엄청나다. 체력과 지구력에서 결정적인 차이가 난다.

구보는 악이 아니다. 숨 쉬는 것은 과학이다. 달리기에 있어 흉식호흡과 복식호흡의 차이는 극명하다. 호흡의 선택에 따라 그 고통은 말할 수 없이 심하다.

흉식호흡으로 달릴 때의 특징을 보면, 가슴과 어깨가 들썩거린다. 무엇보다 중요한 점은 들이마시는 호흡이 복식호흡의 3분의 1밖에 되지 않아 호흡이 짧다는 것이다.

물론 달릴 때, 흉식호흡은 초반의 속도는 흉식호흡이 빠를 수 있다. 하지만 심박수가 급상승하며 금방 숨이 찬다. 목과, 어깨, 승모근에 힘이 들어가 긴장되며 장거리달리기에는 매우 불리하다. 흉식호흡은 숨이 매우 가쁘며 가슴이 답답하고 조금만 뛰어도 고통스럽다.

복식호흡은 배가 자연스럽게 나오고 들어간다. 횡격막이 아래로 내려가며 깊은 호흡을 쉴 수 있다. 호흡이 길어지며 안정적이다. 산소 섭취량이 늘어나며 흉식호흡에 비해 심박수가 안정된다. 피로의 누적이 느리다. 하체의 리듬을 유지하기 쉽다. 무엇보다 지구력이 매우 높아진다. 그래서 복식호흡은 장거리와 구보에 최적격이다.

달릴 때 호흡은 복식호흡은 기본 배가 움직이는지를 체크하고 호흡은 2걸음 들이키고 3걸음 내쉬기, 혹은 3걸음 들이키고 3걸음 내쉬는 것이 효과적이다. K-VOICE식 복식호흡을 하면 매우 효과적이다.

구보는 악이 아니다. 구보는 과학이다.

대학 시절과 도전

군에서 제대하고 대학에 가기를 원했지만 내 환경은 변함이 없었다. 서울 삼촌 댁의 보살핌으로 왕십리에서 일했다.

강서구 명일동 버스 정류소 옆 2층의 조그만 교회 명성교회에 다녔다. 김삼환 목사님은 성가대를 조직하고 지휘자의 직분을 맡기셨다. 아직 음악을 전공하지 않은 아마추어에게 벅찬 일이었지만 순종했다. 예배 후의 목사님과 함께 간 미사리 강변의 물놀이는 서울에서의 즐거운 추억으로 남아 있다. 그리고 음악을 전공할 것을 권유하시고 기도해 주셨다.

명성교회에서의 신앙생활은 내 삶의 단단한 초석이 되었다. 그 말씀들은 내 평생의 기도가 되었다. 한국 최초의 카운터테너가 되었고, 세계 최초의 멀티싱어 새로운 음악 장르를 만들고 있다. 김삼환 목사님의 기도는 아직도 나의 삶을 이끌고 있다.

대구의 집으로 와서 입학시험 3개월을 남기고 책을 잡았다. 음악대학 입학을 위해 독서실에서 하루 15시간씩 책상에서 먹고 자며 공부했다. 경북대학교의 본부 건물과 음악대학에서 노래하는 모습을 꿈에 그렸다.

이제 다른 길은 없었다. 오직 대학 입학, 그것도 장학생이 되지 않으면 아무 소용이 없었다. 잠자기 전에 잠재의식에서의 기도가 매일 이어졌다.

3개월 후 나는 "예술대학교 수석 입학을 축하합니다."라는 합격 통지를 전화로 받았다.

공업고등학교 야간 출신이 수석 입학이라니 모두 기적으로 생각했지만, 나는 그 원리를 깨달을 수 있었다. 그리고 그 잠재의식의 기도 법칙을 내 삶 전체에 소중하게 적용하였다.

무슨 일이든 잠자기 5분 전에 꿈을 그리면 가장 멋진 현실이 되어 나타났다. 4년 동안 대학 장학금과 영재장학급을 받으면서 어려운 환경을 쉽게 이겨 나갔다.

하지만 노래는 참 어려웠다. 꿈은 컸지만 그 과정은 쉽지 않았다. 잘하려는 욕심이 너무 많아져서 고음으로 갈수록 목에 힘이 들어갔다. 배에 힘을 뺀 복식호흡은 참 어렵고 힘든 수련의 길이었다.

유학의 꿈과 확신

그렇게 대학을 졸업하고 나는 또 꿈을 꾸었다. 미국 유학이라는 꿈을. 이제부터는 큰 어려움이 없었다. 나는 그 길을 수십 번이나 경험해 왔고, 또 그대로 이루어질 것이라는 자신이 생겼다. 믿음의 기도는 능치 못함이 없었다.

나는 주저하지 않고 잠재의식의 기도로 미국 유학의 꿈을 꾸기 시작했다. 브로드웨이의 거리를 그렸다. 그리고 카네기홀에서 노래하는 멋진 모습을 떠올렸다.

그 당시에도 미국 유학은 쉽지 않았다. 엄청난 등록금과 수업료와 생활비는 무척 어려운 일이었다. 하지만 이번에는 어떻게 이루어질 수 있을까, 하는 기대감과 함께 잠재의식의 기도는 매일 계속되었다.

나는 마법과 같은 기도로 꿈같은 현실을 마주했다. 먼저 미국문화원에 찾아갔다. 그리고 뉴욕시립음악대학원의 원서와 서류를 받고, 녹음테이프와 대학 성적부 등을 준비했다. 그리고 장학금을 부탁했다. 서류를 내고 3개월 후, 미국 뉴욕시립대학원에서 입학 통지서와 장학금을 수여한다는 약속을 받았다.

우리는 수많은 좌절 속에 힘들어할 때가 많다. 하지만 잠재의식의 세계에서는 어려움이 없다. 이루어지지 않는 것도 더 잘되기 위한 초석임을 알면, 더 크게 이루어진다.

그것을 사용하는 방법을 잘 알고 있어야 한다. 좋은 생각을 잠재의식에 심으면 좋은 일이, 불안과 초조로 부정적인 나쁜 일을 심으며 분명히 나쁜 일이 일어났다.

내가 나의 형편에 걱정으로 가득 차 부정적인 기도를 했다면, 대학교의 수석 입학과 미국 유학은 생각하지도 못했을 것이다.

모든 것은 꿈대로 이루어진다. 이제 나는 조금의 두려움도 없이 내 삶이 나의 꿈대로 이루어지고 있다는 사실을 확인하면서 늘 감사하며 기도하고 있디.

잠재의식의 깨달음과 변화

유학 생활이 익숙해질 때쯤, 유학생 친구들은 항상 권총 강도를 조심하라고 했다. 사실 우리 학교 주위엔 늘 총소리가 났고, 그 말은 어느새 내 마음속에 각인되었다. 잠재의식으로 들어와 현실로 받아들였다.

우리가 사는 곳은 퀸즈의 플러싱이었다. 플러싱은 한국 교포가 많이 사는 안전한 동네였다. 어느 날 어둑해질 무렵 집 앞에서 누군가 불렀다.

"어이 맨."

뒤를 돌아보니, 멕시코계의 젊은 청년이 서 있었다. 회색 체육복에 후드를 쓴 그는 곧 포켓에서 조그맣고 하얀 총을 꺼내면서 내 앞으로 다가왔다. 나는 두 손을 번쩍 들고 친구들이 이야기한 대로 준비한 10불을 꺼내 주었다. 그는 웃으며 "땡큐"라고 말하고는 어둠 속으로 사라졌다.

모든 일은 내가 며칠 전 잠재의식에서 본 그대로였다. 나는 2층의 아파트를 뛰어 올라와 911로 전화를 걸었다. 이내 두 명의 경찰이 왔다. 그 권총 강도는 사라지고 없었다.

‘부정적인 일도 꿈대로 조금의 의심도 없이 내 앞에서 실현되는구나.’

나는 그 사건을 통해서 또 커다란 인생의 교훈을 배웠다.

우리는 언제나 꿈을 통해 하루를 지낸다. 그 하루는 좋게든 나쁘게든 우리 삶에 나타난다. 잠재의식 속에 좋은 꿈을 심으면, 현실에서 습관이 되고 그 습관은 운명을 바꾼다.

이러한 잠재의식과 현실의 원리를 깨달았으니 아무런 두려움이 없었다. 그 후부터 나는 편안하게 걱정 없는 날들을 가지고 세계를 향한 꿈을 꾸었다. 그와 함께 긍정적인 기도의 습관이 생겼다.

좋은 일이건 나쁜 일이건 그 순간들은 꼭 있었어야 하는 날들의 한 부분이었다. 늘 감사하며 작은 감사가 더 큰 감사가 되게 또 꿈을 꾸었다.

유학 시절 많은 아르바이트를 했다. 종일 뉴욕 브로드웨이의 가게 앞을 오가며 가게를 지켰다. 없는 시간을 쪼개어 공부하기란 너무 피곤하고 힘이 들었다.

그럼에도 불구하고 잠자기 전 기도하는 일은 잊지 않았다. 잠자기 전에 노래 공부와 경제적인 것이 해결되는 좋은 일을 떠올렸고, 이는 잠재의식에서 꿈으로 나타났다.

나는 유학생 처음으로 콜택시 아르바이트를 했다. 자동차 경매장에 가서 캐딜락 택시를 구했고, 바로 일을 시작했다.

콜택시 본부에서 114번 콜이 오면 고객을 모시고 가고, 쉬는 시간이면 노래를 연습했다. 콜택시 안은 공부하기에 가장 좋은 장소가 되었다. 혼자 고객을 기다리는 시간에 노래 공부를 열심히 하였다. 이론 공부하기에도 가장 알맞은 장소였다.

그러다가 택시콜이 들어오면 고객을 모시고 운행하고, 또 그 자리에서 콜을 기다렸다. 하루에 3~4시간 일을 하면 200불의 수익이 생겼다. 게다가 노래 공부까지 할 수 있으니, 내겐 가장 좋은 시간이었다.

잠재의식의 세계는 언제나 꿈보다 더 좋은 현실을 만들어 준다.

미국대학의 졸업 시험은 매우 까다로웠다. 실기 시험과 이론 시험을 좋은 성적으로 합격했다. 마지막으로 4명의 교수에 의한 졸업 평가 구술시험이 있었는데, 열심히 했지만 떨어졌다.

그 후 6개월 동안 재시험을 준비했고, 겨우 합격할 수 있었다. 그 과정에서 나는 카운터테너와 고음악의 이론들을 더욱 확실하게 공부할 수 있었다. 그 시간은 내 삶에 매우 중요한 의미로 남아 있다.

배움과 꿈이 만난 순간

유학 시절 처음에 나는 자주 좌절했다. 1847년 설립된 뉴욕시립대학은 세계적으로 이론이 유명한 학교이다. 노벨 수상자가 13명이나 되는 쟁쟁한 학자들이 이 대학 졸업생이었다. 이에 반해 줄리아드 대학이나 맨해튼 음악대학은 연주가 중심이다.

나는 교수들에게 자주 이론 공부에 대한 어려움을 이야기했다. 음대학장과 전공교수, 어드바이저 그리고 나, 이렇게 4명이 함께 모여 그것을 논의했다.

사실 처음 시험 친 과목은 근대 음악사였다. 열심히 도서관에서 공부했지만, 겨우 D학점을 받았다. 나는 이 성적으로는 한국에 돌아갈 수 없다고 했다. 그리고 성악 연주 학생이 작곡과 학생들과 같이 푸가와 대위법과 음악사 이론들을 공부하는 것은 너무 어렵다고 하소연했다.

그러나 그들은 8명의 대학원생 중에 4명은 탈락했고, 그래도 나는 D학점으로 패스는 했으니 낙심할 필요는 없다고 용기를 주었다. 이것은 CUNY의 전통이므로 열심히 해야 여기 졸업생이 될 수 있다고 했다.

음악의 이론을 모르고 연주하는 것은 CD를 감상하는 것이나 다름없다고, 음악을 무식한 학생들이 하는 학문으로 생각하지 말라고 했다.

나는 정신이 번쩍 들었고, 더욱 열심히 공부할 수밖에 없었다. 놀랍게도 그때의 이론 공부가 음악을 올바로 아는 데 큰 힘이 되었다. 이 책도 그때의 음악사 공부와 리포트에 관한 공부가 없었다면 불가능했을 것이다.

학교를 졸업한 후, 뉴욕의 카네기홀에서 연주했다. 많은 교포들이 도움을 주셨다.

잠재의식의 기도로, 나는 언제나 연주하기 전 무대에서 연주하는 꿈을 꾸었다. 신기하게도 지나온 수없이 많은 연주에서, 꿈에서 틀리면 연주에서도 꼭 그렇게 틀렸다. 노래가 완성될 때까지 매일 잠재의식의 노래를 현실로 불러들이면, 음악회는 완벽하게 이루어졌다.

교포들이 박수를 치는 모습을 꿈에 그리며 수없이 노래했다. 삶에는 그냥 주어지는 우연이 없다. 내가 잠재의식을 통해 불러들인 일들이 현실에서 펼쳐지고, 그 결과가 그때가 되면 나타날 뿐이었다.

우리는 모두 꿈을 꾼다. 무관심하게 지나가는 꿈처럼 흘려보낼 수도 있지만, 세심한 꿈을 집념을 가지고 그림을 그리듯 세밀하게 시간까지 그려 넣으면 현실에서도 분명하게 나타난다. 긍정적인 생각을 가지면 행동이 일어나고, 꿈을 꾼 대로 이루어진다.

그냥 주어지는 일은 없다. 내가 잠자기 전에 잠재의식에서 생각하면, 그 꿈은 먼저 나의 행동를 변화시킨다. 그리고 그 행동이 꿈을 현실로 불러오는 에너지가 된다.

요즈음 세계는 잠재의식을 통해 성공을 이루는 심리학적 철학에 주목하고 있다. 불과 100년 전에 정리된 조셉 머피 목사의 이 철학은, 사실 많은 성공한 사람들이 경험해 온 원리이기도 하다. 어떤 문제이든 진실로 기도하면 이루어진다. 집중해서 집념을 가지고 기도하면 된다.

비록 '잠재의식'이라는 말을 빌리지 않더라도, 기도하면 모든 것은 이루어진다. 생각을 아름답게 하는 습관이 중요하다. 이것은 현대에 와서 잠재의식이라는 용어로 설명되지만, 그 사상은 이미 천 년 이상의 역사를 가지고 있다. 성공한 모든 사람이 가진, 꿈을 이루는 기도이다.

나눔으로 완성되는 음악

내가 가진 것으로 나누는 일은 가장 큰 즐거움이다. 내가 좋아서 하는 일은 돈을 받지 않아도 된다. 돈을 주고 노래방과 술집을 즐기는 사람들이 얼마나 많은가.

나눔의 진정한 즐거움을 몰라서 그렇지, 예술적인 진정한 기쁨이 있다. 아름다운 노래를 나누어라. 나는 고교 시절 사랑을 베풀어 준 선생님을 기억한다.

캄보디아에서 어린이를 가르칠 때 삶의 의미를 느낄 수 있었다. 내가 가진 것으로 나누는 기쁨, 그리고 그 나눔을 사회적 흐름으로 만들어 가는 기쁨을 알게 되었다. 돈을 주고 즐기면 단순한 즐거움이지만, 돈을 받지 않고 가르치면 참된 즐거움이 되고 진정한 봉사가 된다.

그 봉사를 통해 내가 받은 기쁨과 축복 속에서 복식호흡을 더욱 깊이 이해하게 되었고, 나는 노래의 자유를 얻었다. 그로 인해 돌아온 깨달음은 올바른 복식호흡에 대한 이해와, 육체적으로도 정신적으로도 즐거운 음악이었다.

그 결과 K-VOICE와 K-VOCAL, 그리고 멀티싱어를 통해 서울 강동아트센터, 캄보디아 프놈펜, 일본 도쿄 오케가와 음악홀에서 독창회를 가졌다. 그 음악회들로 새로운 음악의 창시자로서의 성공의 가능성을 확인할 수 있었다.

또한 일본선교에서의 성직자들에게 말과 노래를 가르친 경험은 나에게 매우 소중한 시간이었다.

D교도소 힐링합창단

철컥, 철컥, 철컥. 많은 문들을 거쳐 연습실에 들어섰을 때, 오디션을 거친 40명의 사람들이 기다리고 있었다. 언제나처럼 나는 음악의 이원론에 대한 강의를 시작했다.

음악은 모두 같은 음악이 아니다. 우리가 하는 음악은 감동과 절제를 위한 아폴론적인 음악. 그리고 다른 하나는 디오니수스적인 쾌락과 무질서의 음악이다.

어떤 음악을 선택하는가에 따라 삶의 방향도 달라진다. 쾌락과 무질서의 디오니수스적인 음악으로 쾌락에 빠진 사람은 처음에는 작은 즐거움으로 시작하지만, 그것이 점점 커지면서 결국 삶을 무너뜨리기도 한다.

나는 피아노도 반주자도 없이 아카펠라로 합창을 이끌었다. 그래서 곡의 선택에 늘 많은 시간을 들였다. 복식호흡으로 호흡을 고르면, 그들은 점점 안정되고 변화하기 시작했다.

호흡하는 법을 배우고, 자신의 소리를 낮출 때 비로소 전체의 소리가 아름답게 들린다. 노래는 자신을 드러내지 않고 절제를 통해 자신을 조절하는 훈련이 된다. 안정된 복식호흡을 통해 정서적 균형과 자존감의 회복에 중점을 두고, 힐링을 위한 곡을 정성껏 외워서 불렀다. 합창은 서로를 침범하지 않으면서 하나의 화음을 만들어 가는 과정이다. 그것이 이 합창단의 목적이었다.

〈눈〉, 〈내 맘의 강물〉, 〈소나무여〉 등의 가곡과 〈그대여 아무 걱정하지 말아요〉와 같은 아름다운 노래를 불렀다. 한 곡 한 곡을 익혀 갈 때 그곳은 세상에서 가장 멋진 합창단이 되어 있었다.

드디어 음악회 날, 수도승과도 같은 자주색의 긴 연주복을 입고 무대에 섰다. 합창단원들의 가족과 도움을 주신 분들로 가득 찬 음악회장에서 모두가 하나가 되어 노래할 때, 그 감동에 눈물을 흘리지 않는 사람이 없었다.

지금도 그곳에는 자주색 연주복을 간직한 합창단원들이 있다.

초록이 힐링합창단

서울에서 음악 활동을 할 때, 나는 깜빡깜빡하는 증상이 있었다. 혹시나 하는 마음에 걱정이 되어 G보건소 치매힐링센터에 가서 검사를 받았다. 다행히도 특별한 이상 소견은 없었다.

그때 나는 담당자에게 합창단을 건의했고, 봉사로 매주 1번의 연습을 하기로 했다. 그렇게 초록이힐링합창단이 만들어졌다.

할아버지, 할머니 스무 분이 모였다. 초점 잃은 눈빛과 무거운 표정 속에서, 그분들은 이미 노래를 잊어 가고 있었다.

나는 여기서도 제일 먼저 호흡을 바꾸는 것부터 시작했다. 호흡이 안정되자 목소리가 맑아지고, 얼굴 표정이 살아 있는 아름다운 목소리가 되었다. 그 후에야 함께 노래를 불렀다. 어릴 적 불렀던 동요를 중심으로 자연스럽게 화음을 만들어 갔다.

느린 템포와 익숙한 노래를 통해, 잊고 있던 기억이 조금씩 되살아났다. 그들은 노래를 통해 자신감을 되찾아 갔다. 눈빛이 달라지고, 밝은 웃음도 돌아왔다. 음악은 회복과 치유를 위한 가장 좋은 명약이었다. 함께 노래하는 것만으로도 그들은 다시 살아남을 느꼈다.

나는 최대한 낮추어 섬기는 마음으로 함께 노래했다. 복식호흡을 조금씩 되살리고, 안정된 호흡으로 이어지도록 도왔다. 제일 좋은 효과는 칭찬이었다. 작은 변화에도 아낌없이 칭찬을 건네며 자신감을 심어 주었다.

불안과 초조를 줄이고, 표정을 바꾸며 웃는 얼굴을 회복하는 연습을 하였다. 우울도 웃음도 결국 습관이었다. 하루를 평안한 호흡으로 지냈다는 것으로 충분한 행복이었다.

노래를 잘하는 것이 아니라, 함께 노래하는 것이 중요했다. 기억을 요구하기보다 호흡으로 연결하는 것이 합창이었다.

고령화 사회에 치매는 지역사회의 과제가 되고 있다. 치매는 치료와 돌봄을 넘어 어르신의 정서적 안정과 존엄을 지키는 방향으로 나아가야 한다. 힐링 합창은 개인을 넘어 가족과 사회에 안정과 평안을 주는 하나의 사회적 운동이다.

캄보디아 따께오 초등학교

복식호흡으로 노래한다고 해서 모두가 완전한 복식호흡을 하는 것은 아니다. 필자 역시 오랜 시간 잘못된 호흡으로 노래해 왔다. 젊은 시절에는 아름답고 크게 노래해야 한다는 욕심으로 오히려 목에 힘이 들어가는 흉식호흡에 의존했다. 고음을 크게 내는 습관은 점점 더 초조함을 만들었고, 그것이 잘하는 것이라 착각하기도 했다.

그렇다면 완전한 복식호흡은 어디에서 오는가. 나는 캄보디아에서 어린이들에게 노래를 가르치며 그 답을 발견할 수 있었다.

그곳에는 우리가 말하는 음악이 거의 없었다. 천 년을 이어 온 불교 문화 속에서 매일 동네 사찰에서 울려 나오는 낮고 단조로운 소리가 음악의 전부였다.

학교에도 음악 과목이 없었고, 아이들의 표정은 항상 우울하고 웃음이 없었다. 나이가 들수록 그 모습은 더 뚜렷해졌다. 고음의 소리가 선생님에게 가르치기가 어렵고 힘이 들었다. 오랜 세월 흉식호흡에 길들여 온 소리가 전부였다.

나는 먼저 아이들의 말소리부터 바꾸기 시작했다. 흉식호흡으로 굳어진 소리를 복식호흡으로 바꾸는 연습이었다. 호흡이 바뀌자 공명이 일어나고, 저음에서 조금씩 맑고 고운 말로 바뀌면서 모든 것이 변하기 시작했다. 밝은 목소리와 웃음을 찾은 것이다.

목소리가 바뀌자 자연스럽게 고음이 만들어졌다. 그 위에 노래를 얹었다. "도 레 미 파 솔 라 시 도" 계명을 익히면서 노래는 시작되었다. 아이들은 신이 나서 "Twinkle, Twinkle, Little Star"를 따라 불렀다. 다행스럽게 영어 수업이 있어서 이곳 아이들은 영어를 어느 정도 익히고 있었다.

God is so good, God is so good, He's so good to me.
좋으신 하나님 좋으신 하나님 참 좋으신 나의 하나님
쁘레아 똥 포르나 쁘레아 똥 프레나 똥쁘레나 투염
알레루야 알렐루야 알렐루아 알렐루야

노래는 언어를 넘어 아이들의 마음을 하나로 묶어 주었다. 아이들이 웃으며 노래를 따라 부르는 모습을 보며 나는 확신했다. 말소리가 복식호흡으로 바뀌면 노래는 자연스럽게 따라온다는 것을. 고음도 억지로 만드는 것이 아니라 자연스럽게 열렸다.

학기 말에는 음악회를 열었고, 나는 따께오 초등학교 교가를 작곡해 아이들과 함께 불렀다. 지금도 프놈펜에서 두 시간 떨어진 그곳에 가면, "티처, 티처" 하며 달려오던 맑은 눈빛의 아이

들과 그들이 부르는 교가를 들을 수 있다.

마을 주민이 모두 모인 가운데, 교장 선생님은 우"리 학교는 이제부터 크리스천 학교로 바뀝니다."라고 선언했다. 교명도 따께오 어메이징 그레이스 학교가 되었다. 좋은 소식은 이제 중학교도 짓는다는 것이다.

복식호흡이 습관이 되면 소리는 길어지고, 몸과 마음은 자유로워진다. 그러나 대부분의 성악가와 대중가수들도 오랜 흉식호흡의 습관 때문에 이를 익히는 데 많은 시간이 걸린다.

어린 시절의 합창 경험은 그래서 중요하다. 그 안에서 복식호흡이 자연스럽게 몸에 자리 잡으면, 그것은 평생을 지탱하는 음악의 기초가 된다.

어린이는 어린이답게 노래해야 한다. 정서에 맞지 않는 노래와 표현은 아이들의 감각을 흐리게 만든다. 어린이에게는 어린이의 몸과 마음에 맞는 노래가 필요하다. 아이들에게 맞는 음악의 옷을 입히는 것, 그것이 건강한 사회의 시작이다.

태어날 때의 복식호흡은 잃어버린 것이 아니라 잠시 잊힌 것이다. 그것을 다시 회복하면, 소리는 더욱 길어지고 자유로워진다. 완전한 복식호흡은 노래를 바꾸는 것이 아니라, 삶을 바꾸는 시작이다.

소리, 삶으로 돌아가다

이 책은 50년에 걸쳐 쌓아 온 개인적인 레슨 경험과 합창단 지도, 그리고 음악에 관한 여러 고서, 저서들을 통합한 결과의 산물이다.

이 책에서 말한 K-VOICE와 K-VOCAL은 잃어버린 소리를 되찾는 것이다. 아기였을 때의 자연스러운 울림, 웃음소리, 그리고 생존을 위해 차고 넘쳤던 완전한 호흡. 마음을 움직였던 그때의 소리를 다시 찾자는 이야기이다.

하지만 이러한 음악적 견해 또한 시대마다 정립되지 않은 이론이나 종교적 산물로 여겨질 수 있다. 그럼에도 지금의 생각이 다음 세대를 위한 하나의 발걸음이 되기를 바란다.

인류의 다양한 문화와 욕구 속에 절대적인 것은 없다. 우리는 다만 새로움을 향하여 나아갈 뿐이다. 이제 다시 우리의 말소리를 들어 보자. 크고 성급하게 말하려 애쓰지 말고, 한 호흡으로 천천히 담아 보자.

우리는 평생 말하면서 살아왔다. 하지만 자신의 목소리를 깊이 들어 볼 기회도 없이 바쁘게 살아가고 있다. 그러나 삶의 중요한 순간에 나를 움직인 것은 말소리였고, 호흡이었다.

호흡이 담긴 목소리는 그 사람의 삶을 그대로 담고 있다. 소리가 바뀌면 관계가 바뀌고, 삶의 흐름도 달라진다. 내가 가진 것들을 나누지 않으면 무슨 의미가 있을까. 나눔의 실천, 그것이 나의 철학이다.

긴 호흡을 따라 여기까지 왔다. 단 하나의 원칙을 말하고 싶다. 소리는 아랫배에서 시작된다는 것이다. 판소리 한마당이 오랜 시간 무너지지 않고 이어지는 것은 단전의 흔들림 없는 호흡 때문이다.

나 역시 오랜 세월 목으로 노래했지만, 그 답은 중심에 있었다. 호흡이 깊어지면 목소리가 달라지고, 목소리가 달라지면 삶이 달라진다.

오늘 조용히 횡격막을 내리고 배꼽 아래에 손을 얹어 보자. 그리고 깊게 호흡해 보자. 그 호흡은 몸을 살리고, 삶을 살리는 울림이 된다. 그리고 세상을 더욱 부드럽게 바꿀 것이다.

이 책이 당신의 목소리를 더욱 아름답고 건강하게 만드는 작은 시작이 되기를 바란다. 그 울림이 대한민국을 넘어 세계로 퍼져 나가기를 소망한다.

이 책은 진동의 목소리로 인류를 향한 평화의 한 걸음이다. 이제 다음 장은, 당신의 몫이다.

저자 소개

이철수

한국 최초의 카운터테너로서 한국 성악사에서 독창적인 길을 개척했다. 그의 카운터테너 도입은 20세기 한국 음악사에 신선한 충격으로 평가받고 있다.

그는 1996년 대구에서 한국 최초로 카운터테너 독창회를 개최하며 한국 음악계에 새로운 가능성을 제시하였다. 이후 서울과 대구, 부산 등을 중심으로 카운터테너로 활동하며 한국 성악의 지평을 넓혀 왔다.

그는 단순한 성악가에 머물지 않고, 목소리의 본질을 탐구하는 음악 철학자로서 새로운 개념을 제시하였다. 그가 제시한 대표적인 개념은 다음과 같이 정리할 수 있다.

- K-VOICE: 목소리의 진동과 호흡에 대한 철학
- K-VOCAL: 노래 발성의 통합적 시스템
- 멀티 싱어: 한 사람이 여러 음역과 음색으로 자유롭게 넘나드는 새로운 노래의 개념
- 마찰과 진동 이론

– 제3의 목소리 단전호흡과 서양 발성법의 통합

특히 그의 멀티싱어는 기존의 소프라노, 알토, 테너, 바리톤, 베이스로 나누어진 성악의 구조를 넘어, 한 사람의 목소리를 하나의 오케스트라로 바라보는 새로운 음악적 패러다임을 제시한다.

그는 목소리를 단순한 기술이 아니라 호흡, 진동, 공명, 그리고 인간의 정신이 함께 만드는 울림으로 보았다. 이러한 관점에서 이철수는 세계 최초로 멀티싱어의 개념을 제시한 음악가로 평가된다. 그리고 2023년 서울 강동 아트홀과 캄보디아 프놈펜, 일본 도쿄에서의 독창회를 통하여 그 가능성을 확인하였다.

그런 그가 지금까지 아무도 말하지 않았던 목소리의 비밀을 밝히고 있다. 이제 대한민국은 그의 K-VOICE와 K-VOCAL, 멀티싱어를 통해 아름다운 목소리로 세상을 바꿀 것이다. 그리고 그 목소리와 노래는 예술성을 가지고 더 많은 세대에 확장되어 갈 것이다.